Michael Altmann

Das Wiener Bürgerspital

zur Erinnerung an die Eröffnung des neuen Bürger-Versorgungshauses in der

Alservorstadt

Michael Altmann

Das Wiener Bürgerspital
zur Erinnerung an die Eröffnung des neuen Bürger-Versorgungshauses in der Alservorstadt

ISBN/EAN: 9783743478725

Hergestellt in Europa, USA, Kanada, Australien, Japan

Cover: Foto ©ninafisch / pixelio.de

Manufactured and distributed by brebook publishing software (www.brebook.com)

Michael Altmann

Das Wiener Bürgerspital

Das Wiener Bürgerspital.

Zur Erinnerung
an die
Eröffnung des neuen Bürger-Versorgungshauses in der Alservorstadt.

Auf Grundlage mehrerer Manuscripte des Bürgerspital-Amtsdirectors Herrn
Josef Holzinger,
verfaßt von
Michael Altmann,
Magistrats-Concipist und Directions-Adjunct im Bürgerspitalamte.

Mit vier Abbildungen.

Wien, 1860.
Im Selbstverlage des Bürgerspitalamtes.

Druck der typografisch-literarisch-artistischen Anstalt
(C. C. Zamarski & C. Dittmarsch).

Vorwort.

Für die Bedürfnisse der Lokal-Armenpflege in Wien bestehen, abgesehen von den Grundspitälern, aus früherer Zeit herrührende Fonde und zwar: der allgemeine Versorgungsfond, der Bürgerlad- und der Bürgerspitalfond.

Schon die Bezeichnung bekundet, daß nur die beiden letzteren Fonde die spezielle Widmung „für Bürger" haben, während der allgemeine Versorgungsfond die Bedürfnisse der Armenpflege für alle nicht bürgerlichen Gemeindeangehörigen und für Bürger insoweit zu decken hat, als die speziellen Fonde hiezu nicht ausreichen.

Der allgemeine Versorgungsfond bezieht seine Zuflüsse aus eigenen Vermögenschaften, aus frommen Vermächtnissen und Geschenken, aus den Procenten von Verlassenschaften, Aufschlägen zur Verzehrungssteuer u. A. Seine Abgänge werden in letzter Linie aus dem Communal-Einkommen gedeckt.

Der Bürgerlad-Fond hat einige gestiftete Vermögenschaften aus früherer Zeit, deren Erträgnisse nebst mehreren zugewiesenen Beiträgen sein Einkommen bilden. Der Fond ist von geringerer Bedeutung und unterstützt 450 arme Bürger mit monatlichen Beträgen.

Der allgemeine Versorgungsfond und Bürgerladfond sind unter der unmittelbaren Verwaltung der Commune.

Eine bedeutende Vermögenschaft ist der Bürgerspital-Fond — das eigentliche Institut der Bürgerversorgung, dem es durch die Gunst der Zeitverhältnisse bisher möglich war, ohne Beihilfe des allgemeinen Versorgungsfondes oder der Commune seine Aufgabe der Bürgerversorgung größtentheils allein zu lösen, nur zum wenigsten Theil hiebei durch den Bürgerlad-Fond unterstützt.

Mit dem Namen „Wiener Bürgerspital" wollen wir nicht das große Zinshaus Stadt Nr. 1100, sondern das vorbenannte Institut der Bürgerversorgung, den Bürgerspital=Fond, bezeichnen und dessen Erinnerungen und verschiedene Aufgaben, Jahrhunderte zurück, in den Rahmen einer kurzen Darstellung bringen.

Den Anlaß dazu bietet uns die bevorstehende Eröffnung eines neuen Bürger=Versorgungshauses und die Uebersiedlung der armen Bürger Wiens in diese neue Anstalt. Blos zur Erinnerung an diesen neuen Abschnitt im wohlthätigen Wirken des Wiener Bürgerspitales sind die nachstehenden Zeilen ge=schrieben und machen eben deshalb keinen Anspruch auf eine allseitige Erschöpfung des Gegenstandes. Sie sind zunächst den Bürgern von Wien gewidmet, welche daraus ersehen wollen, wie schon vor Jahrhunderten — Wiener Bürger in der Aus=übung der christlichen Nächstenliebe wetteiferten und wie das Erbe derselben, fortan durch den Wohlthätigkeitssinn der nach=folgenden Bürgerfamilien vergrößert, auch durch Jahrhunderte seine wohlthätigen Wirkungen verbreitet und das Elend und die Noth der Armen lindert.

Vermag diese Darstellung eine solche Ueberzeugung in den Wiener Bürgern wachzurufen, so ist der Zweck derselben vollkommen erfüllt und damit auch für das Bürgerversorgungs=Institut, für dessen fernere Entwicklung der größte moralische

Stützpunkt gewonnen, weil die Vorbilder der vergangenen Jahrhunderte ein Mahnruf zu gleicher Wohlthätigkeit für alle Zukunft sein werden.

Wien im August 1860.

Inhalts-Verzeichniß.

II. Das Wiener Bürgerspital als allgemeines Armen-, Kranken-, Findel- und Waisenhaus in der Zeit von 1530—1784.

und Diener, die „Berehrungen" an dieselben, die Waldaufsicht, der Stubenvater und die „Armenleutküche."

Die Entstehung des allgemeinen Krankenhauses, die Aufhebung der alten
Spitäler.

III. Das Wiener Bürgerspital nach dem Jahre 1784.

Die Entstehung und Entwicklung beider Anstalten, die Incorporirung derselben zum Bürgerspitale, St. Marx als Spital und als Bürger-Versorgungs-
haus, Beschreibung des lezteren.

Die rezesmäßigen Gebühren, die Zahl der armen Bürger in der Handbetheilung und im Versorgungshause.

Die Geschenke der Gewerbs-Corporationen, die Vermächtnisse, das Haus
Nr. 682 in der Stadt, Legat der Therese Kramel, die Stiftungen, die
Käufe und Verkäufe, der gegenwärtige Realbesitz des Bürgerspitalfondes.

Die Umänderung der verschiedenen Einkommensquellen, der Umbau des Bürgerspitales in das jetzige Zinshaus, die Kosten des Baues und andere Ursachen der finanziellen Bedrangniß des Fondes, Entstehung der Bürgerspitals-
Wirthschafts-Commission, deren Wirken und das Wiederaufleben des Fondes, die Capitalien, das Gesammtvermögen des Bürgerspital-Fondes.

Das Maß der Handbetheilung für die armen Bürger, die Verpflegung im
Versorgungshause, der Speisentarif für Gesunde und jener für Kranke, die
Aerzte im Versorgungshause, die Seelsorge daselbst, das Restaurationsfest.

Aufhebung der Superintendenten, Organisirung der Bürgerspitals-Wirthschafts-
Commission, deren Wirkungskreis, die Namen der gegenwärtigen Mitglieder derselben.

Ursachen des Neubaues, Bildung des Baufondes, verschiedene Pläze für den
Bau der neuen Anstalt, Beschreibung der Anstalt, Verpflegung der Armen
daselbst, das Pensionat im neuen Bürger-Versorgungshause, die Statuten
bezüglich der Aufnahme in dasselbe, die Bedeutung des Namens „Bürger"
und des Versorgungshauses für arme Bürger.

I.

Die Entstehung des Wiener Bürgerspitales

und

dessen Entwicklung bis zum Jahre 1529.

Die Entstehung des Wiener Bürgerspitales.

Die Wohlthätigkeit und die Armen-Fürsorge sind wesentlich christlichen Ursprungs. Die heidnische Gesellschaft kannte weder eine Privat-Wohlthätigkeit noch eine öffentliche Fürsorge für die Armen. Mit dem Eintritte des Christenthums in die Welt baut sich die Gesellschaft auf christlichen Grundlagen auf, der Geist des Christenthums durchweht alle ihre Einrichtungen und Gesetze, und sowie es jedes einzelne Glied einer christlichen Gesellschaft für seine heilige Pflicht erkennt, seinem bedrängten Mitbruder beizuspringen, so wenden auch die christlichen Gemeinden überall, wo solche entstehen, in Städten und auf dem Lande, nach Maßgabe ihres Vermögens ihr Augenmerk auf die Versorgung ihrer Armen.

Zwar sind es ursprünglich meistens einzelne wohlhabende Bürger, welche durch fromme Stiftungen eigene Anstalten zur Versorgung der Gemeinde-Armen gründen, aber jede solche Anstalt wird alsbald Gemeinde-Anstalt, die Gemeinde nimmt sie unter ihren Schutz und befördert auf jede Weise ihr Aufblühen und ihr Gedeihen.

Unter den Städte-Bürgern Deutschlands haben zu jeder Zeit die Bürger Wiens durch ihren ausgezeichneten Wohlthätigkeitssinn geglänzt. Zeuge dessen, die vielen mildthätigen Stiftungen, an denen Wien so reich ist, Zeuge dessen, die zahllosen und bedeutenden Spenden, welche beinahe täglich aus den Taschen der Wiener für mildthätige Zwecke fließen. Eines der schönsten Denkmale dieser Wohlthätigkeit der Wiener Bürger ist aber das „Wiener Bürgerspital.“

Die ältesten vorhandenen Urkunden, in welchen des Wiener Bürgerspitales erwähnt wird oder welche sich ausschließlich auf dasselbe beziehen, datiren vom Jahr 1257. Aus keiner derselben und auch nicht aus späteren Urkunden können wir jedoch die Entstehung des Bürgerspitales, die Namen der Gründer desselben mit Bestimmtheit ersehen.

Nach einer Sage haben im Jahre 1208 die Brüder Otto, Chuno und Konrad, damals drei der reichsten Bürger von Wien, ein Vermögen von 200 Goldgulden zum Unterhalte von 12 armen Bürgern und eben so vielen Bürgerinnen gewidmet und für deren Unterkunft vor dem Kärthnerthore eine Hütte von Holz erbaut, welche Hütte „der Burger Spital" genannt wurde. In einer Urkunde vom Jahre 1257 werden diese drei Brüder als Lenker des Bürgerspitales bezeichnet, wozu immer nur erfahrene, um das Spital verdiente Bürger gewählt wurden. Daraus läßt sich einige Wahrscheinlichkeit für obige Sage oder doch die Annahme ableiten, daß die vorbezeichneten Brüder zur Gründung des Bürgerspitales viel beigetragen haben.

Nach einer anderen Meinung wäre das Bürgerspital gleichzeitig mit dem Heiligengeistspitale entstanden und aus diesem hervorgegangen. Als nämlich zu Ende des 12. Jahrhundertes Papst Innocenz III. in Rom zur Pflege von Armen und Kranken, sowie zur Beherbergung von Pilgern ein Spital gegründet und die Verwaltung desselben dem neugestifteten Orden des heiligen Geistes übertragen hatte, fand solches in vielen Ländern Nachahmung und auch in Wien wurde von Herzog Leopold des Glorreichen Caplan, Gerard, im Jahre 1208 ein gleiches Spital gegründet und für dasselbe die Ordensbrüder des heiligen Geistes berufen. Das Spital hieß „Heiligengeistspital" und war vor dem Kärnthnerthore, jedoch jenseits des Wienflusses, auf der Wieden nächst der gegenwärtigen St. Carls-Kirche gelegen. Ein Filiale des Spitals bestand diesseits der Wien vor dem Kärnthnerthore. Dem neuen Spitale wendete sich der fromme Sinn und die Wohlthätigkeit der Wiener vorzüglich zu und reichliche Gaben wurden theils den Ordensbrüdern und ihrem Gotteshause, theils den Armen und Kranken im Spitale gewidmet. Die verschiedenen Stiftungen sind je nach ihrer Widmung abgesondert und speziell für das Sondergut der Armen frühzeitig eigene Meister zur Verwaltung bestellt worden. Der Sonderung der Vermögenschaften wäre dann die Trennung der Armen und Pilger von den Kranken gefolgt und während das Heiligengeistspital vorzüglich die Krankenpflege beibehielt, für die Zwecke der Armenpflege und Pilgerbeherbergung das Haus vor dem Kärnthnerthore „das Spital der Burger" verwendet worden.

Zur Begründung dieser Ansicht wird bemerkt, daß im Bürgerspitale wie im Heiligengeistspitale noch in der Zeit, aus welcher Urkunden vorliegen, die Ordensbrüder des heiligen Geistes Leiter der Geschäfte waren und daß beide Spitäler auch das gleiche Insiegel führten, nämlich: ein einfaches Kreuz, worüber der heilige Geist in Gestalt einer Taube schwebt, mit Sonne, Mond und zwei Sternen, welches Siegel vom Bürgerspitale seit dem Jahre 1264 bis jetzt als großes Insiegel gebraucht wird.

Die beiden letzteren Thatsachen sind allerdings außer Zweifel, sie lassen aber auch die Annahme zu, daß das von Wiener Bürgern gegründete Spital den Ordensbrüdern anfänglich zur Leitung übertragen wurde, was auch als eine Consequenz der Entwicklung aller communalen Verhältnisse in den Städten wahrscheinlicher ist.

Die Gründung des Spitals durch Wiener Bürger ist unzweifelhaft und wird ausdrücklich durch eine Urkunde vom Jahr 1259 bestätigt. Mit Gewißheit kann nur behauptet werden, daß das Wiener Bürgerspital um die Mitte oder in der 1. Hälfte des 13. Jahrhundertes von Wiener Bürgern vor dem Kärnthnerthore gegründet worden ist.

Die ursprüngliche Bestimmung des Wiener Bürgerspitales.

Bis in die Mitte des 11. Jahrhundertes war Wien der Tummelplatz vieler Völkerschaften und von mannigfaltigem Unglücke heimgesucht. Auch in der Folgezeit weniger beachtet, wählte der erste Herzog von Oesterreich Heinrich Jasomirgott (1144) Wien zu seiner Residenz. Die

Jahre des Friedens brachten die Pläne zur Reife, die derselbe zur Förderung der Wohlfahrt seines Landes gefaßt hatte.

Die Stände wurden nach Geistlichen, Herren, Freien, Edlen, Rittern und Bürgern geordnet. Wien erhielt seinen ersten Stadtrichter, wurde wegen seiner günstigen Lage an der Donau der Stapelplatz des Handels nach dem Orient und der Sammelpunkt der häufigen Pilgerfahrten nach Palästina. Wien blühte schnell empor und schon 1221 gab Herzog Leopold seiner Hauptstadt eigene Statutar-Rechte, worin ein Stadtrichter, ein engerer Ausschuß von 24 und ein weiterer Ausschuß von 100 Bürgern zur Verwaltung bestimmt wurden.

Mit diesem Aufleben der Stadt fällt auch die Gründung des Bürgerspitales zusammen. In allen Städten bildeten die Bürger eine geschlossene, eigenberechtigte Corporation, sie repräsentirten die Gemeinde, in welcher sie nicht blos die Mehrzahl, sondern auch die Meinbesitzenden waren. Auf den Bürgern lasteten sonach die Pflichten der eigenen Corporation und dann zum größten Theile auch die Pflichten der Gemeinde selbst.

Aus den Verpflichtungen der Corporation entstehen in allen Städten „Bürgerspitäler" mit dem nächsten Zwecke zur Versorgung armer Mitbürger. Die allgemeinen Gemeindepflichten bedingen auch die Vorsorge für unbürgerliche, für fremde Personen. So lange die letzteren in geringer Minderzahl die Städte bewohnten, haben die Bürgerspitäler ausgereicht, auch diese unterzubringen und bei den primären Verhältnissen der Städte waren die Bürgerspitäler nichts anderes als Gemeindespitäler, weil ja auch die Gemeinde fast ausschließlich aus Bürgern bestand.

Dasselbe finden wir in diesem Zeitabschnitte auch beim Wiener Bürgerspitale. Die große Anzahl der vorhandenen Urkunden über Stiftungen und Vermächtnisse zeiget, daß es ausschließlich Wiener Bürger waren, die das Spital gegründet und zur größeren Bedeutung gebracht haben. Im ersten Beginne war es das Spital der Bürger für ihre armen Mitbürger. In der Folgezeit erhellet, daß im Bürgerspitale

Pilger beherbergt, daß daselbst einige Kinder und Irren verpflegt worden, daß auch arme verlassene Personen daselbst geboren haben.

Die Pilgerbeherbergung war eine Rothwendigkeit, in den Zeit- und Lokal-Verhältnissen begründet, indem die wenigen Herbergen in Wien die zahlreichen Pilger nicht aufnehmen konnten, die von allen Ländern zuströmten und das Bürgerspital allein geeignet war, denselben zeitweisen Unterstand zu geben. Es entfiel auch diese Beherbergung, als im Jahre 1415 Elise Wartenauer eine besondere Herberge für Pilger in der Kärnthnerstraße neben der St. Johanneskirche gegründet hatte.

Kinder und Irre waren nur sehr vereinzelt im Bürgerspitale aufgenommen und verpflegt, und ebenso sind auch Kranke nur sehr selten im Bürgerspitale vorgekommen.

Außer der Bürgerversorgung dient das Bürgerspital zu anderen Zwecken nur insolange, als noch keine besonderen Anstalten vorhanden waren. Mit der Entstehung dieser Anstalten wird es von bestimmten Lasten befreit. Die Bürgerversorgung allein blieb fortwährend und vorzugsweise die Bestimmung des alten Armen-Bürgerhauses vor dem Kärnthnerthore.

Die Vermögens-Erwerbungen.

Die Kirche ist die Trägerin der Armenpflege fortwährend und auch im christlichen Mittelalter gewesen, sie war es, welche die freie und freudige Wohlthätigkeit aus christlicher Liebe zum Nächsten geschaffen und groß gezogen hat. Die Mittel, welche sie dabei anwandte, wurzeln auf religiösem Boden und in der göttlichen Eigenschaft der Kirche als Mittlerin zwischen Gott und der Menschheit. Die Kirche lehrt, daß die Liebe in rechtschaffenen Werken der Barmherzigkeit bestehe, daß das Almosen die Bedeutung der Sühne für begangene Sünden besitze, daß der Dürftige ein Repräsentant des Erlösers sei; sie lehrt, daß der Besitz nur Lehen, der Besitzer Lehenträger Gottes ist mit der Verpflichtung, sein Gut nur im Sinne des alleinigen Eigenthümers zu verwenden.

Die Wirkungen dieser segensvollen Lehre kann Niemand hinweg-
langnen, Niemand die Tausend und Tausende von Gefangenen zählen,
welche diese Lehre losgekauft, die Armen, welche sie ernährt, die Millionen Thränen, welche sie getrocknet hat. Auch das Wiener Bürgerspital
hat unter diesem schirmenden Schutz und Segen der Kirche seine Ver-
mögensschaften erworben.

Bald nach Entstehung des Spitals hat sich nämlich nach Anleitung
des Ordens zum heiligen Geiste eine Bruderschaft „zur unbefleckten Jung-
frau Maria" gebildet, deren Vereinszweck die Emporbringung des Bürgerspitales gewesen ist.

Am 29. Juni 1268 erließ Meister Heinrich und die Bruderschaft
einen Aufruf folgenden Inhaltes:

„Bei dem großen Zusammenflusse von Fremden verschiedener Nationen zu Wien habe bisher kein Haus zur Erholung und zum Ausruhen
bestanden und müssen nicht Wenige auf den Plätzen und Straßen ihr
Leben enden. Um diesem Uebel abzuhelfen, haben Einige ein Spital zu
gründen angefangen, zu dessen Vollendung das nöthige Geld nicht auf-
gebracht werden kann. Sie sehen sich daher bemüßiget, die Mitwirkung
der Aebte, Pröbste und aller Christgläubigen um milde Beiträge anzu-
rufen und geben auch Nachricht, daß der Papst und viele Bischöfe den
Guttthätern des Spitals Ablässe verliehen haben und die Bruderschaft alle
Wohlthäter als Mitglieder aufnehme."

Die hier erwähnten Ablaßbriefe sind nicht vorhanden, wohl aber
existiren noch die Urkunden über viele Ablaß-Ertheilungen und andere
Gnadenakte, welche in der folgenden Zeit von der Kirche zur Hebung des
Spitales ausgegangen sind.

So gibt Bischof Wernhard von Passau (1309) allen Jenen,
welche an was immer für einem Tage in der Bürgerspital-Kirche Messen
hören, reuig beichten und die Armen unterstützen, einen Ablaß von
40 Tagen.

Gleichen Inhaltes ist ein Ablaßbrief des Diöcesanbischofes Albert
von Passau im Jahre 1337.

Papst Johann XXII. bewilliget die Incorporirung der Weigels-
dorfer Pfarrkirche sammt allen Gütern derselben zum Bürgerspitale, womit viele Zehentrechte dem Spitale zugekommen sind.

Ebenso hat Bischof Gottfried von Passau (1351) die am Bürgerspitals-Gottesacker vor dem Kärnthnerthore vom Magister Jacob, Arzt in
Wien (1338) erbaute St. Colomanns-Capelle, sammt allen ihren Gütern
dem Bürgerspitale incorporirt.

Papst Bonifazius gibt Allen, welche die Capelle des heiligen Colo-
mann zu Wien besuchen, ihre Sünden bereuen und beichten und zur Erhaltung der Kirche etwas beitragen, einen Ablaß von 100 Tagen.

Johann, Bischof von Nitric und Weihbischof von Passau, weihte
1414 die Kirche im Langhause des Bürgerspitales und ertheilt allen
Wohlthätern des Spitals einen Ablaß.

Leonhard, Bischof von Passau bewilligt (1446) die Verlegung des
Kirchweihfestes im Bürgerspitale vom Sonntage nach Allerheiligen auf
den nächsten Montag nach Pfingsten, weil am 1. Tage bei St. Stefan die Reliquien gezeigt werden, das Volk sonach dahin strömt und dadurch die Andacht im Bürgerspital vermindert wird.

Johann, Cardinaldiacon von S. Angelo und päpstlicher Legat in
Deutschland, ertheilt (1448) allen Gutthätern des Bürgerspitales einen
100tägigen Ablaß.

Ulrich, Bischof von Passau, ertheilt (1455) allen, welche dem feierlichen Umzuge mit Gottes-Leichnam, der jeden Freitag im Bürgerspitale
unter großem Zulauf des Volkes gehalten wird, beiwohnen, einen Ablaß
von 40 Tagen.

Bessarion, Bischof von Tusculum, bewilliget (1460) für die 6 Capläne des Bürgerspitales, daß sie in allen, dem Bischofe vorbehaltenen
Fällen die Absolution ertheilen und das Altarsacrament reichen dürfen
u. s. w. u. s. w.

Und alle diese Aufforderungen an die vom Glauben erwärmten
Gemüther blieben nicht fruchtlos. Zeuge dafür die vielen und großartigen
Schenkungen dieser Periode, von denen wir nur Einige anführen wollen.

Die älteste vorhandene Schenkungsurkunde datirt vom Jahre 1264, worin Otto von Gumpendorf, Bürger zu Wien, dem Spitale seines Seelenheiles wegen, verschiedene Aecker und Weingärten in Reinprechtsdorf vermacht hat.

Rapoto, Bürger von Wien, schenkt (1271) noch bei seinen Lebzeiten dem Bürgerspitale mehrere Weingärten in Als.

Ruedger von Inzeinsdorf (Inzersdorf), Bürger zu Wien, schenkt (1293) dem Bürgerspitale ein Haus sammt Gründen in Inzeinsdorf, einen Wirthschaftshof mit 21 Joch Aeckern, Baum- und Wiesgarten und 11 Joch Ueberland.

Herbart Herzog und seine Ehefrau schenken (1295) ihr ganzes Vermögen dem Bürgerspitale gegen dem, daß sie bis zu ihrem Tode im Spitale eine separate Wohnung und Verpflegung vom Herrntisch erhalten.

In den Urkunden der nächsten Jahre werden meistens Grunddienste und Burgrechte geschenkt, mit der Widmung, daß die Armen an bestimmten Tagen gespeist werden sollen, wobei die Speisen genau bezeichnet sind, die sie erhalten. Sehr häufig ist auch in diesen Urkunden die Anordnung eines Bades enthalten, eine Wohlthat, die wegen der damaligen häufigen Hautkrankheiten nicht unterschätzt werden kann.

Eine der größten Stiftungen ist die von Seifried, dem Futterer, und Stefan, dem Krügler, beide Bürger von Wien, welche (1330) dem Bürgerspitale mehrere Gülten und Güter, „so sie um 1600 Pfund Pfennige gekauft haben," schenkten. Darunter waren 2 Höfe in Kagran, ein Hof und Weingarten zu Neuburg, mehrere Weingärten zu Sievring und am Nußberg und dann Burgrechte und Zinse auf verschiedenen Häusern in Wien. Die Stiftung hatte die Widmung, daß den Dürftigen im Spitale jährlich an 50 Tagen nach einander Mahlzeiten bereitet werden sollen. Während diese Mahle stattfinden, sollen die Herren im Spitale zu der Stifter Heil und Trost alle Sonntag eine ganze Vigilie singen und alle Montag ein Seelenamt abhalten. Auch sollen die Armen jeden Dienstag ein Bad erhalten.

Stefan der Krügler hat (1333) noch weiter dem Bürgerspital vermacht sein Haus in der Wollzeile, einen Hof gegenüber vom Spitale, alle seine Wiesen, wo sie immer gelegen und einen Weingarten zu Mödling.

Konrad Herschestl, Bürger von Wien, schenkt (1348) den Dürftigen im Bürgerspital 9 Fleischbänke und soll deren Erträgniß jährlich zu Mahlzeiten für die Armen verwendet werden.

Konrad Rüger des Grafen Sohn schenkt dem Bürgerspital im Jahre 1355 ein Haus vor dem Kärnthnerthore und mehrere Weingärten daselbst zum Unterhalte der St. Colomannscapelle am Gottesacker. Ebenso Jaschke Peheim (1368) 7 Weingärten und 159 Pfund Burgrechte in Wien, Kunrad von Gars (1369) 2 Häuser am Lichtensteg zu Mahlzeiten und Bäder für die Armen.

In den nächsten Jahren folgen Schenkungsurkunden über Zehentrechte zu Grunretuensiedl, Behm, am Wienerberg u. a., bezüglich welcher, falls sie Lehen waren, von den jeweiligen Herzogen dem Bürgerspitale auch die Lehenherrlichkeit übertragen wurde.

Im Jahre 1383 hat Christof Surseyer dem Bürgerspitale aus besonderer Andacht 1000 Pfund Pfennige vermacht mit der Bestimmung, daß diese auf Gülten angelegt und von dem Erträgnisse die Armen gespeist werden sollen u. s. w. u. s. w.

Auch Kauf- und Tausch-Geschäfte kommen in diesem Zeitabschnitte vor. Von ersteren erwähnen wir den Kauf eines Holzes gegen die Liesing abwärts (Kalksburger Wald) im Jahre 1289 — den Kauf eines Waldes mit einer Leithen und einem Wiesfleck zu Au (Wurzbacher Wald) im Jahre 1315 und den Kauf eines Waldes zu Weidlingau (Rothwasserwald) im Jahre 1386 — blos deßhalb, weil diese drei Wälder noch jetzt im Besitze des Bürgerspitales sind.

In den Verhältnissen der Zeit war es begründet, daß die Schenkungen an das Bürgerspital größtentheils in Realitäten: Aecker, Wiesen, Wälder, Weingärten und Häuser — dann in Burgrechten, Grundrechtszinsen, Bergrechten und Zehenten bestanden, weil bei dem damaligen geringen Verkehre, auch das Mittel des Verkehres — Geld — nur in geringer Menge vorhanden war.

Nach einem alten Dienstbuche vom Jahr 1326 hatte das Bürger-spital bis dahin schon folgende Besitzungen erworben:

Aecker: Einen Hof zu Meidling mit 48 Joch, zu Weigelsdorf mit 29 Joch, dann noch zu Inzersdorf und in Wien.

Wiesen: Ueber 130 Tagewerke zu Ebersdorf, Himberg, Lochsen-dorf, Rodaun, Weidlingau.

Wälder: Zu Kaltsburg und Au (Weidlingau).

Weingärten: 4 Joch nächst dem Spitale in der Stadt, dann in Atzersdorf, Als, Ottakring, Siebring, Grinzing, Nußdorf, Amasbach, Purgstall u. a.

Häuser: Ein Haus vor dem Spitale, „worin ein Schmid wohnt," ein Keller in der Kärnthnerstraße und daneben ein Haus, ein Haus am neuen Markt, dann in der Churwanerstraße (zwischen dem Hofkriegs-gebäude und dem Seitzerhofe), am Haarmarkt einen Brunnen, auf der hohen Brücke eine Badstube, ein Haus beim rothen Thurm, in der Singerstraße, am Gries.

Burgrechte, nämlich Forderungen auf Häuser versichert, damals die einzige Art, auf welche Baargelder fruchtbringend angelegt wurden, auf fast allen Häusern in Wien, selbst vom Rathhause wurden 4 Pfund Pfennige gezinset.

Zinse von Obstgärten, Aeckern und Weingärten im Bernhards-thal zwischen Matzleinsdorf und Meidling, in Meidling selbst, zu Brunn, Inzersdorf, Laa, Neudorf, Breitensee, Penzing, Ottakring, Lerchenfeld, Pötzleinsdorf, Währing, Siebring, Nußdorf, Simmering, Fischament, Wolfpassing und fast in allen Rieden um Wien.

Bergrechtsbezüge in Mitterberg, Pötzleinsdorf, Klaizing, Als, Gumpoldskirchen, Guntramsdorf, Grinzing.

Zehentrechte in Weigleinsdorf, Wampersdorf, Hirsdorf, Pot-tenberf, Simmering.

Bis zum Schlusse des Zeitabschnittes (1529) waren viele dieser Rechte und Besitzungen verkauft oder vertauscht worden, dagegen aber viele Häuser in Wien, dann noch Wirthschaftshöfe zu Kagran, Neuburg,

Fischament, Grinzing, Erdpreß, Zwölfaxing, Inzersdorf, Hernals, Grumetneusiedl, Sievring, Klosterneuburg, ebenso auch Wiesen, Weingärten und Zehentrechte zugewachsen, so daß es ermüden würde, alle diese wechselnden Besitzverhältnisse zu verzeichnen.

Die Fondsgebahrung.

Das Einkommen floß zunächst und fast ausschließlich aus der eigenen Bewirthschaftung der erworbenen Realitäten. Auch die Zehente wurden in natura eingeheimset und das ganze Erträgniß der Wirthschaft für die Bedürfnisse des Spitales verwendet.

Das Maß der Unterstützung der Armen richtete sich nach dem jeweiligen Erträgnisse der Wirthschaft, dabei wurde nicht viel verrechnet, sondern Alles auf Treue und Glauben zur Verwendung abgegeben. Wir können daher auch kein klares Bild über die Einnahmen und Ausgaben in diesem Zeitabschnitte darstellen und bemerken blos, daß nach den Rechnungen zum Höchsten 200—350 Personen, Arme und Hauspersonale zusammen, im Bürgerspitale verpflegt wurden und daß besonders die Hausofficiere in der letzten Zeit reichlich und bis zum Ueberflusse speisten und „potalirten."

Die Jahresrechnung des Spitalmeisters ist ganz kurz und enthält nur die Einnahmen an Burgrechten und Zinsen, welche vierteljährig bezahlt wurden und 1326—234 1/2 Pfund betragen haben, dann in einigen Baargeldern für verkaufte Wirthschaftsprodukte, insbesondere Wein, soweit solche im Spitale erübrigt wurden. Zum Ausschank des Weines waren eigene Leutgeber bestellt.

Bei den Auslagen werden blos die Dienstlöhnungen und jene Beträge angeführt, welche zum Ankaufe von Wirthschafts-Erfordernissen nothwendig waren.

Nach der ältesten vorhandenen Rechnung des Spitalmeisters Ullrich Zink vom Jahre 1386 beträgt schon die Baar-Einnahme 1459 Pfund, dagegen die Auslage 1471 Pfund. In einem Anhange zu dieser Rechnung werden dann noch die Frucht-Vorräthe und Wirthschafts-Requisiten aller Art, die Zahl der Ochsen, Kühe, Kälber, Pferde, Schweine u. s. w. aufgeführt, woraus der umfangreiche Wirthschaftsbetrieb des Bürgerspitales erhellt.

Mit dem fortwährend zunehmenden Besitze sind selbstverständlich die Erträgnisse gestiegen und ungerechnet den eigenen Verbrauch der Naturalien im Hause betragen die baaren Einnahmen der letzten Jahre schon 8000—10.000 Gulden. Diese baaren Einnahmen werden zum geringsten Theile auf Dienstlöhnungen — größtentheils aber auf Ankäufe von Realitäten verwendet, was eben nebst den Vermächtnissen das Anwachsen des Grundbesitzes beim Bürgerspitale bewirkt hat.

Wir glauben aus diesem Zeitabschnitte noch einige spezielle Einkommensquellen des Bürgerspitales anführen zu sollen, weil diese ein lokales Interesse haben und für die Zustände der damaligen Zeit bezeichnend sind. Es sind dies nämlich die Einnahmen von einigen Häusern in Wien, welche dem Bürgerspitale gehörten, jedoch zu communalen oder öffentlichen Zwecken vermiethet waren, und einige Rechte.

Am Hohenmarkte besaß das Bürgerspital das „Leinwandhaus", worin die Leinwandhändler ihre Verkaufsstände hatten, und dafür zum Spitale einen jährlichen Dienst zahlten. Von diesem Hause wurde 1566 zuerst ein Stock und 1628 auch das übrige Gebäude verkauft. Die Leinwandhändler bildeten damals eine Bruderschaft, hatten schon 1453 eine eigene Ordnung und bestehen noch dermalen als Gremium der vergewährten verkäuflichen Leinwandhandlungen.

Gleichfalls am Hohenmarkte war das sogenannte „Schuhhaus" mit den Verkaufsständen für die Schuhmacher, welche jährlich ihre Stände wechselten und ebenfalls zum Bürgerspitale einen Dienst zahlten. Das Schuhhaus hörte im Jahre 1528 auf, weil daselbst eine „Schraubstube" (Kriminalgerichtsstube) errichtet worden ist.

Ebenso hatten die Riemer ihre Stände in einem eigenen „Riemhause," welches Haus jedoch schon im Jahre 1421 an die Riemer vom Bürgerspitale verkauft worden ist.

Unter der Benennung „Brothaus" besaß das Bürgerspital ein Haus am Graben, von dem es heißt, daß dasselbe „zu leichtfertigem Lebenswandel" bestimmt war. Es war ein Schank-, Spiel- und Tanzhaus und das jetzige Haus Nr. 1144 am Graben, das rechte Eckhaus in die obere Bräunerstraße.

Zufolge einer milden Stiftung vom Herzog Albrecht im Jahre 1352 hatte das Bürgerspital wie alle Spitäler den Bezug von jährlichen 240 Stöcken Salz à zu 115 Pfund aus Hallstadt — Gottesheilsalz genannt — bewilliget, für welchen Bezug vom Herzoge Albrecht VI. (1459) auch die Mauth- und Zollfreiheit zugestanden wurde.

Schon in diesem Zeitabschnitte hat das Bürgerspital das sogenannte „Bierrecht" erworben, ein Recht, welches in der Folgezeit zu einer der ersten Einkommensquellen des Spitales sich gestaltete. Das Bierrecht oder das ausschließliche Recht zum Bierbrauen und Bierausschank in Wien, war nach den ältesten Urkunden ein landesherrliches Recht, welches zu Lehen gegeben wurde.

Es waren mehrere Lehenträger vorausgegangen, bis im Jahre 1432 das Bürgerspital von Stefan Kraft zu Merspach „das ihm zu Lehen gegebene Bierrecht zu Wien sammt allem, was dazu gehört," erkaufte. Hiermit war auch das älteste Bräuhaus vor dem Widmer- (Burg-) Thore in der Weidenstraße, in das Eigenthum des Bürgerspitales gekommen.

Herzog Albrecht (1432) bestätigte den Kauf des Bierrechtes für das Bürgerspital und auch die folgenden Regenten haben dieses Recht des Spitales fortwährend geschützt, aus dem Grunde „damit die armen Leut desto besser unterhalten werden mögen." — Es ist dies ein Beweis des großen Wohlwollens, welches die österreichischen Regenten schon in alter Zeit dem Bürgerspitale zu Theil werden ließen und die Folgezeit wird lehren, daß durch die Verleihung und Beschützung dieses Rechtes allein die österreichischen Regenten auch die größten Wohlthäter der Armen im Bürgerspitale gewesen sind.

Die Verpflegung der Armen.

Das alte Wiener Bürgerspital hatte wegen der vielen Wirthschaftsgebäude, die mit demselben verbunden waren, eine große räumliche Ausdehnung. Vom Kärnthnerthore bis gegen das Carolinenthor und bis an
den Wienfluß (damals Kumpflucke und Gereuth genannt) erstreckten sich
nach alten Urkunden die Bürgerspitalsgebäude, wozu auch alle daselbst
gelegenen Weingärten nach und nach erworben wurden.

So ausgedehnt die Wirthschaftsgebäude gewesen, ebenso beschränkt
waren jedoch die Räumlichkeiten für die Armen. Schon in einer Urkunde
vom Jahre 1349 wird als Unterkunftsort für die Armen ein abge-
sondertes, in einem langen Trakte erbautes Haus bezeichnet und wegen
seiner Bauart wahrscheinlich, mit dem Worte „Langhaus" näher bestimmt.
In diesem Langhause waren wenige große Zimmer und eine eigene
Capelle, die im Jahre 1444 urkundlich neuerdings geweiht werden
mußte; aus welcher Ursache, ist jedoch nicht ersichtlich. Für das Langhaus
war eine eigene Mutter mit zwei Dirnen bestellt zur Erhaltung der Ordnung und Bedienung der Armen und für die Armen selbst werden eine
eigene Frauenstube, eine Kindsstube und eine Greisenstube im Langhause
genannt.

Dieses Langhaus scheint sonach das eigentliche Bürgerspital gewesen
zu sein; es war schon in einer besseren Weise gebaut, mit einem Ziegel-
dache versehen und wird in allen alten Urkunden als „treffentlich groß
und wohl erbaut" geschildert.

Was die Art und Weise der Verpflegung der Armen betrifft, so
war selbe anfänglich höchst nothdürftig und dürfte nur darin bestanden
haben, daß die Armen Unterstand, im Winter gewärmte Stuben, zu
ihrer Verpflegung aber nur so viel erhielten, als durch Opfer und Sammlungen eingegangen ist. Ein Beweis dafür sind die vielen schon im 13.
und vorzüglich im 14. Jahrhunderte dem Bürgerspitale zugewendeten
Stiftungen zu Mahlzeiten, sowie zu Handbetheilungen und Kleidern.

Erst nach und nach haben die Armen eine eigentliche Verpflegung erhalten und zufolge der vorhandenen Urkunden über mehr als 160 Mahlstiftungen kann nicht gezweifelt werden, daß bald in dieser Zeitperiode eine tägliche Verköstigung der Armen stattgefunden hat, vielleicht nur an jenen Tagen schlechter, an welchen keine Stiftmahle waren.

Das Einkommen des Fondes bestand größtentheils in Naturalien, wie sie der mannigfaltige Wirthschaftsbetrieb erzeugte; mit der Zunahme des Erträgnisses wurden auch die Armen besser gespeist und aus den Rechnungen der letzten Jahre ist schon ersichtlich, daß die Pfründner ohne Ausnahme täglich zu Mittag Wein und Abends Bier erhielten, was bei dem ausgedehnten Weinbaue und dem ausschließlichen Rechte des Bürgerspitales zur Bierbrauerei leicht möglich war.

Geschenke des Allerhöchsten Hofes an die Armen im Bürgerspitale sind vielfach verzeichnet, darunter fast alljährlich viele Hausgeräthe, Wäsche, Kleider und andere Gegenstände, welche bei Hofe nicht mehr benützt wurden.

An hohen Festtagen und heiligen Tagen wurden die Armen im Bürgerspitale von den Bewohnern Wiens besucht und mit den mannigfaltigsten Gaben im Ueberflusse beschenkt.

Nach den Küchenrechnungen des Spitales sind vom 14. Jahrhunderte an die Verpflegten von Woche zu Woche mit 250—350 Personen angegeben und darunter auch die Verwaltung, die Geistlichen und das Wirthschaftspersonale begriffen.

Die Zahl der Armen in diesem Zeitabschnitte kann daher kaum über 300 Personen betragen haben, und wenn in einem Briefe des Papstes Johann XXII. vom Jahre 1333 von 600 Armen Erwähnung geschieht, die sich im Bürgerspitale zu Wien befinden, so sind darunter auch gewiß die vielen Pilger enthalten, welche im Bürgerspitale Unterstand ohne Verpflegung erhielten.

In Absicht auf die ärztliche Hilfe kann wohl nicht angenommen werden, daß hiefür besondere Vorkehrungen bestanden. Eine eigene Heilwissenschaft, wenn man die ärztlichen Functionen der Vorzeit so nennen will, hatten einzelne Priester, und außer diesen nur wenige. So war insbesondere der Stifter des Heiligengeistspitals, Gerard — ein geschickter Arzt und die Ordensbrüder zum heiligen Geiste haben sich ebenfalls zu diesem Zwecke ausgebildet. Sie dürften auch die ersten Aerzte des alten Bürgerspitals gewesen sein, in welchem ohnehin weniger Kranke, als alte, erwerbsunfähige Arme verpflegt wurden.

Mit der Gründung der Wiener Universität (1365) mochten in dieser Beziehung bessere Zustände angebahnt worden sein; allein auch nach dieser Zeit finden wir in den Urkunden keines Arztes im Bürgerspitale erwähnt.

Für die Seelsorge der Armen waren im Bürgerspitale nicht weniger als 7 Priester — 1 Pfarrer und 6 Capläne, — welche vom Bürgerspitale präsentirt und vom Bischofe zu Passau bestätiget wurden. Dann war noch in der St. Colomanns-Capelle ein Caplan mit einem Gehilfen. Pfarrliche Jurisdictionsrechte hatte das Bürgerspital nicht, es waren aber die Priester daselbst berechtiget, die Absolution, selbst in den dem Bischofe vorbehaltenen Fällen zu ertheilen.

Die Priester waren nicht gut dotirt und hatten blos die Verpflegung beim Herrentische und ihre Meßstipendien, welche damals mit wenigen Pfennigen bezahlt wurden. Jeder Priester hatte nur eine Schlafkammer und alle zusammen eine gemeinschaftliche, im Winter geheizte Stube zum Tages-Aufenthalte.

Uebrigens war es im Geiste der Zeit gelegen, daß vorzüglich die religiösen Feierlichkeiten vielfach und bei jeder Gelegenheit gepflegt wurden, zu welchem Zwecke auch reiche Ornate und Paramente vorhanden gewesen sind.

Die Verwaltung des Bürgerspitales.

Die Verwaltung für das eigentliche Spital und für die Führung der Wirthschaft war in der Person eines Meisters vereiniget, der dazu seine eigenen Organe und Dienstleute hatte. In ältester Zeit, wo es sich mehr um die Leitung des Spitales allein handelte, wurden die Meister aus dem heil. Geist-Orden entnommen, und es werden als solche z. B. 1280 Probst Conrad, 1295 Conrad der Priester, 1315 Simon der Priester u. s. w. genannt; allein schon in der Mitte des dreizehnten Jahrhundertes waren denselben „Pfleger" — rectores — beigegeben, so daß den Priestern eigentlich nur der Gottesdienst und die Seelsorge, den Pflegern aber die Verwaltung der Vermögenschaften obgelegen ist.

Im Jahre 1323 wird Stefan, der Krügler, als Pfleger und Spitalmeister genannt und von da ab war der Spitalmeister der alleinige Leiter des Bürgerspitals. Er wurde aus dem Stadtrathe oder äußeren Rathe, gewöhnlich auf Ein Jahr gewählt und erscheint im folgenden Jahre öfters als Bürgermeister.

Der Bürgermeister heißt auch sehr oft oberster Spitalmeister und hat mit dem Stadtrathe die Oberleitung des Bürgerspitals geführt, daher auch alle wichtigeren Dokumente vom Bürgermeister, Spitalmeister und Rath der Stadt Wien unterfertiget sind.

Die Aufnahme der Armen ins Spital erfolgte durch den Bürgermeister und Spitalmeister. Unter dem letzteren bestanden ein Schaffer, Zehentner, Schreiber, Amtsleute auf den Wirthschaftshöfen und Dienstgesinde.

Der patriarchalische Haushalt entbehrte auch der „Meisterin" nicht — gewöhnlich die Frau des jeweiligen Spitalmeisters, welche in der Küche vorzüglich schaffte und wirkte.

Die Küche selbst theilte sich in jene für den Herrentisch und in die andere für die Armen und Dienstleute, mit eigenen festgesetzten Speiseordnungen.

Die Jahresrechnung des Spitalmeisters, in Gegenwart des Bürgermeisters und Stadtrathes abgeschlossen, endet immer mit den Worten: „wonach der Rath dem Spitalmeister oder der Spitalmeister dem Rathe die Mehrauslage oder die Mehreinnahme pr. . . . . zu ersetzen schuldig erkannt wurde," oder: „wornach Rath und Spitalmeister sich beglichen haben."

Daraus insbesondere und aus allen Verwaltungsmaximen erhellt die Gemeinschaftlichkeit der Interessen zwischen der Stadt und dem Bürgerspitale, insofern als schon in den ältesten Zeiten die Gemeinde jeden Abgang des Bürgerspitales, welcher im Einkommen des letzteren seine Bedeckung nicht fand, aus dem Communal-Einkommen berichtigte.

Ungeachtet der Grundstock des Fondes in gestifteten Vermögenschaften besteht, hat die Gemeinde seit der Entstehung des Spitales und im ganzen Zeitabschnitte den Fond ausschließlich und allein geleitet und durch selbstgewählte Organe verwaltet, so daß dem Bürgerspitale nebst der Eigenschaft einer Stiftung auch die eines Gemeinde-Institutes nicht abgesprochen werden kann.

Abschluß des Zeitabschnittes.

Wir glauben mit dem bisher Gesagten ein kurzes übersichtliches Bild vom alten Bürgerspitale vor dem Kärnthnerthore gegeben zu haben, und es erübrigt uns noch, den Ausgang dieses Zeitabschnittes zu erwähnen. Derselbe knüpft sich an die erste Belagerung Wiens durch die Türken und wurde durch diese veranlaßt.

Es war nämlich im Monate September 1529, als zahlreiche Volksmassen, all ihr bewegliches Habe mit sich führend, vom Lande herein hinter die Stadtmauern flüchteten und die Kunde mitbrachten, daß der Erbfeind der Christenheit, die Türken, gegen Wien vorrücke. In aller Eile mußten die Vertheidigungsmaßregeln getroffen werden, und mitten in seinem stillen, wohlthätigen Wirken war auch dem Bürgerspitale die Nachricht zugekommen, daß seine Gebäude vor dem Kärnthnerthore aus Rücksicht der Vertheidigung geschleift werden müßten.

Die Armen, die wichtigsten Urkunden und Schriften und die beweglichen Geräthschaften wurden so schnell als möglich in das Himmelpforten-Kloster und andere geistliche Häuser innerhalb des Kärnthnerthores in Sicherheit gebracht und sonach die Gebäude des Bürgerspitals vor dem

Kärnthnerthore, wie beschlossen, zerstört. Was davon übrig geblieben, hat nachträglich die Wuth der Belagerer der Erde gleich gemacht.

Mit welchem Heldenmuthe die Angriffe des Feindes, insbesondere beim Kärnthnerthore, zurückgeschlagen wurden, und wie schließlich diese unheilvolle Heimsuchung von Wien sich abgelenkt hat, das haben wir hier nicht weiter zu erzählen. Für uns genügt es zu constatiren, daß das alte Bürgerspital vor dem Kärnthnerthore bei der ersten Belagerung Wiens durch die Türken zu Grunde ging, und daß das Gebäude, woran drei Jahrhunderte mit emsigem Eifer geschaffen, in wenigen Wochen aufgehört hatte, der Zufluchtsort der Armen zu sein.

Nur eine steinerne Säule blieb verschont, um den nachfolgenden Jahrhunderten die Stelle zu bezeichnen, wo einst das erste Bürgerspital von Wien gestanden hatte. Diese steinerne Säule war noch vor wenigen Jahren vor dem Kärnthnerthore zu sehen und hatte folgende in rothen Marmor gehauene Inschrift:

Daß paw ist volpracht
Zu lob Gots und in den
Eren Mariam und zu
Trost aller Gelaubigen
Seelen Hail und ist volpracht
In die sancti Jacobi Apostoli
Anno Domini MCCCXXXII.

Nächst dieser steinernen Säule war früher die St. Colomanns-Capelle gestanden, um welche herum der Bürgerspitals-Gottesacker sich ausgedehnt hat.

II.

Das Wiener Bürgerspital

als allgemeines Armen-, Kranken-, Findel- und Waisenhaus

in

der Zeit von 1530—1784.

Das St. Clara-Kloster und die Folgen der Türken-Invasion für das Bürgerspital.

In Folge der Belagerung Wiens durch die Türken haben die armen Bürger zunächst ihr Wohnhaus verloren. Auch die Wirthschaftsgebäude und Häuser in den Vorstädten waren zerstört und es fehlte daher auch ein entsprechender Centralpunkt, von wo aus das Wirthschaftswesen wieder geleitet werden konnte.

Beides sollte dem armen Bürger-Institute bald wieder zu Theil werden. Schon zu Anfang des Jahres 1530 hat Erzherzog Ferdinand I. das ehemalige St. Clara-Kloster innerhalb des Kärnthnerthores am Schweinmarkte zum Bürgerspitale bestimmt.

Es war dieses Kloster von Herzog Rudolf's Gemalin, der französischen Königstochter Blanca, 1303 für Jungfrauen und Witwen des Landadels gegründet und von den Klosterfrauen, Clarisserinnen genannt, bis zum Jahre 1529 bewohnt. Noch vor der Türken-Invasion flüchteten die Nonnen nach Villach in Kärnthen und erhielten nach ihrer Rückkehr am 27. März 1531 unter der Aebtiffin Anna Welser das ehemalige Pilgramhaus mit der Kirche zu St. Anna zu ihrem ferneren Wohnorte.

Das St. Clara-Kloster blieb fortan den armen Bürgern, wurde auch Spital zu „Allerheiligen", „bei St. Clara" oder „zum heiligen Geist" genannt und war an der Stelle des gegenwärtigen, dem Bürgerspitalsonde gehörigen, großen Zinshauses, Stadt Nr. 1100 gelegen.

Obwohl das St. Clara-Kloster den armen Bürgern schon am 1. März 1530 eingeräumt worden, so ist doch der Confirmationsbrief vom Erzherzoge und Könige Ferdinand erst am 20. December 1539 ausgefertiget und darin dieses Kloster förmlich zum Bürgerspitale gewidmet, was zunächst der vielen Verdienste wegen erfolgte, die sich der Bürgermeister Wolfgang Treu bei der Türkenbelagerung erworben hat.

Das neue Bürgerspital hatte nur theilweise Einen Stock und größtentheils ebenerdige Gebäude, eine große, sehr schöne Kirche gegen die Bastei zu, am Eingange der jetzigen Comödiengasse gelegen, mehrere geräumige Wohnungen zur Unterbringung der Armen und eine solche räumliche Ausdehnung, daß ohne viele Bauten der Wirthschaftsbetrieb bald wieder aufgenommen werden konnte.

Durch die Zuweisung des St. Clara-Klosters ist das Bürgerspital für das zerstörte frühere Versorgungshaus und die ehemaligen Wirthschaftsgebäude vor dem Kärnthnerthore vollkommen entschädigt worden; allein ein fühlbarer Schaden verblieb demselben dadurch, daß durch die Türken alle eigenen Häuser in den Vorstädten, darunter auch das Bräuhaus vor dem Widmer-Thore, zerstört worden, und daß durch die Verheerungen, welche die Türken sowohl an den dienstbaren Häusern in Wien als auf dem Lande veranlaßten, die Einkünfte bedeutend geschmälert wurden. An Grundbiensten wurde durch Jahre nichts eingebracht, weil die Häuser niedergebrannt oder die Eigenthümer verschollen waren. Eben so waren viele Weingärten zerstört und das Einkommen vom eigenen Weinbau, wie vom Weinzehent für die nächsten Jahre versiegt. Als Entschädigung für rückständige Zinse fielen dem Bürgerspitale viele Brandstätten und verwüstete Weingärten zu, in Ermanglung aber der Mittel zum Aufbaue wurden nicht nur diese, sondern selbst die eigenen Brandstätten und verwüsteten Weingärten um Preise verkauft, die selbst für die damalige Zeit ungemein niedrig waren, z. B. für eine Brandstätte und Weingarten in Gumpendorf 12 fl., für eine Brandstätte in Als 21 fl., Häuser in Als und Hernals um 34—40 fl. u. s. w.

Es war eine Zeit der allgemeinen Noth, des größten Elendes, und wenn das Bürgerspital benungeachtet bald wieder lebenskräftig einwirken konnte, so ist die Ursache davon nur darin zu suchen, daß sein Vermögen aus dem ersten Zeitabschnitte größtentheils in Grund und Boden bestand.

Wenige Friedensjahre genügten, und wir sehen das Bürgerspital wieder aufleben und in den folgenden Jahren großartiger als früher sich entfalten.

Der erweiterte Wirkungskreis des Bürgerspitales.

Während wir im ersten Zeitabschnitte den Wirkungskreis des Bürgerspitals vorzüglich und beinahe ausschließlich in der Versorgung armer Bürger nachgewiesen haben, zeigt uns dieser Zeitabschnitt eine weit ausgedehntere Wirksamkeit des Spitals.

Zunächst schon dadurch, daß die Pilgerbeherbergung wieder deshalb zurückfiel, weil das Pilgramhaus, wie erwähnt, den Clarisserinnen eingeräumt worden ist. Die Pilgerfahrten waren schon sehr in Abnahme und das Bürgerspital wurde für die Uebernahme dieser Verpflichtung mehr als genügend dadurch entschädigt, daß demselben laut Urkunde vom 3. Juni 1539 das Pilgramhaus in Mödling und die dazu gehörigen Gründe zugewiesen worden sind.

Ferner kommen schon in den ersten Jahren nach der Türkenbelagerung Auslagen für die Krankenhäuser zu St. Johann in Siechenals und später für das Lazareth in den Rechnungen vor.

St. Johann in Siechenals war ein Pestspital, im Bezirke der Pfarre Währing gelegen, weil die Kranken daselbst vom Pfarrer in Währing die Sterbesacramente erhielten. Diesseits der Als war der Pfarrbezirk Schotten, es mußte daher das Pestspital jenseits der Als gestanden haben. Es wurde sicher sammt dem umliegenden Dorfe St. Johann 1529 von den Türken zerstört, die Ruinen des Siechenhauses dienten aber fortwährend zum nothdürftigen Unterstande für die Pestkranken bis zum Jahre 1563, in welchem erst das Lazareth diesseits der Als als Pestspital genannt wird, weil St. Johann in Siechenals ganz verfallen und unbrauchbar geworden war. Das Dorf St. Johann blieb verödet, bis 1646 Johann Thury das erste Haus baute und nach und nach die jetzige Vorstadt „Thury" entstand.

Das Lazareth diesseits der Als war ein sehr altes, in seinem Ursprunge nicht bekanntes Siechenhaus zu St. Lazar an der Als — daher der Name „Lazareth,“ — welches im Jahre 1529 ebenfalls von den Türken zerstört, später aber wieder theilweise aufgebaut worden ist. Bei diesem Lazarethe stand ein Kirchlein, dessen Hochaltar den Pestpatronen St. Rochus und Sebastian gewidmet war. Anstatt dieses beschädigten Altarbildes wurde in späterer Zeit das Bild St. Johann des Täufers aufgestellt und von da ab das Lazarethkirchlein auch „St. Johannescapelle“ genannt, verschieden von dem Johanneskirchlein des alten Pestspitals jenseits der Als und auch verschieden von der Johannescapelle am Thurybrückl, welche letztere noch besteht und erst 1713 von der Gemeinde erbaut worden ist. — Zur Erweiterung des Lazarethes hat im Jahre 1648 Paul Hirsch von Hirschfeld ein Haus und im folgenden Jahre Bernhard Holler 3 Weingärten, welche daran stoßen, vermacht. Das Bürgerspital ist am 24. März 1651 im Grundbuche des Stiftes Schotten um dieses Reale geschrieben und damit sein Eigenthumsrecht auf das Lazareth und das spätere Bäckenhäusl bücherlich begründet.

Auch im Bürgerspitale in der Stadt kommen in diesem Zeitabschnitte viele Kranke vor; die Geburten daselbst sind zahlreicher geworden, im Jahre 1535 erst 19, waren selbe 1551 bereits auf 83 gestiegen. In Folge dessen mußte eine eigene „Kinderstube“ errichtet werden. Eben so kommen auch mehrere Irrsinnige vor, für welche ein eigener „Kotter“ gebaut wurde.

In den ersteren Jahren nach der Türkenbelagerung waren in der Regel im Bürgerspitale mehr Arme als Kranke, da für letztere der Klagbaum, St. Marx und andere Häuser bestimmt waren. Nur zur Winterszeit, wo die Kranken zahlreicher wurden oder bei Epidemien, waren auch im Bürgerspitale viele Kranke. So sind daselbst im Jahre 1541 — 940 erwachsene Personen und 148 Kinder, dann in Siechenals 401 Personen an der Pest gestorben. Im Jahre 1600 sind gar 2600 Personen im Bürgerspitals-Gottesacker begraben worden. Die größte Anzahl Kranker im Bürgerspitale war Ende 1596, wo in einer Woche 1100 Personen gespeist und selbst am „Traidkasten" und in der Mühle Krankenbetten aufgestellt waren.

Für die Kranken hat das Bürgerspital das Parzmaier'sche Haus im tiefen Graben angekauft, 2 Gärten in der Roßau zu Contumazanstalten adaptirt und auch in Gebäuden und Hütten in der Spittelau zeitweise Krankenstuben errichtet. Das Parzmaier'sche Haus war bleibend Filial-Krankenhaus, bis 1709 das „Bäckenhäusl" in der Alservorstadt erweitert und als Krankenhaus bestimmt worden ist.

Wir haben oben erwähnt, daß 1648 zum Lazarethe 3 Weingärten vermacht wurden; in einem kleinen Hause daselbst wohnte ein Weinzierl des Bürgerspitals, und das Häuschen selbst hieß „Bäckenhäusl", wahrscheinlich von dem nächst dabei gestandenen „Bäckerkreuz" so geheißen. Im Jahre 1650 wohnte daselbst ein Infectionsarzt, wofür die Gemeinde dem Bürgerspitale Zins zahlte. Im Jahre 1656 ist das Häuschen zu einem kleinen Spitale vom Aerario sanitatis erweitert und als solches unterhalten worden, bis 1679 die Kranken, welche im Lazarethe keinen Platz hatten, ins Bäckenhäusl übersiedelten und vom Bürgerspitale daselbst verpflegt wurden. Im Jahre 1679 war das Bäckenhäusl ausnahmsweise Pestspital, im Jahre 1683 wurde St. Marx von den Türken zerstört und es kamen die Kranken provisorisch hieher, wofür dem Bürgerspitale die Kosten vergütet wurden. Ebenso kamen 1693, 1695 und 1699 Kranke ins Bäckenhäusl, welches von 1709 an bleibend zu Krankenzwecken bestimmt wird.

Neben dem Bürgerspitale und dessen Filialen, Lazareth und Bäckenhäusl, ist blos das Spital zu St. Marx in Absicht auf seine Vermögenschaften und die ausgedehntere Krankenpflege gegen Ende des 17. Jahrhundertes von größerer Bedeutung gewesen. Alle übrigen kleineren Anstalten waren nur für wenige Personen berechnet wie der Klagbaum, das Kreuzherrnspital auf der Wieden, der Contumazhof, das Kaiserspital, St. Josefspital, Kollonicz'sche Versorgungshaus und andere.

Erst 1693 wurde unter Kaiser Leopold I. das große Armenhaus in der Alsergasse gegründet, welches von da an im ausgedehnten Maße bei der Armen- und Krankenpflege mitwirkte.

Der größte Centralpunkt für Armen- und Krankenpflege blieb jedoch fortan das Bürgerspital, und dies vorzüglich seit dem Jahre 1706, als auch St. Marx und Klagbaum dem Bürgerspitale incorporirt wurden. Hierdurch sind auch die St. Marxer Güter dem Bürgerspitale zugefallen und dessen Kräfte für das fernere Wirken sehr erstarkt worden.

Bezüglich der Entstehung von St. Marx und Klaybaum verweisen wir auf den nächsten Zeitabschnitt und erwähnen blos, daß das Bürgerspital von 1706 an 4 Filial-Anstalten — Lazareth, Bäckenhäusl, St. Marx und Klagbaum — zu botiren hatte.

In der Kinderstube im Bürgerspitale waren im 16. Jahrhunderte selten mehr als 30 — 40 Waisenknaben und Findlinge. Die Mädchen verpflegte die Stadt und zwar seit 1589 im Nikolai-Klösterl.

Das Nikolai-Klösterl wurde 1275 vom Abte Heinrich in Heiligenkreuz, dem Bürgermeister Baltrom Bazon und mehreren andern Wiener Bürgern für Jungfrauen des grauen Cisterzienser-Ordens in der Singerstraße gestiftet, war später zu einer öffentlichen Schule der Theologie bestimmt, dann Ordenshaus von den St. Georgsrittern, 1529 ein Zufluchtsort der aus den Klöstern zu St. Nikolai vor dem Stubenthore und St. Magdalena vor dem Schottenthore geflüchteten Klosterfrauen, wurde 1545 den P. P. Franziskanern zugewiesen und nachdem diese 1589 das Bußhaus bei St. Hieronymo — ihr jetziges Kloster — erhielten, machte der Stadtrath aus dem Nikolai-Klösterl ein Waisenhaus für arme Mädchen. Kaiser Ferdinand II. hat 1624 dasselbe den Clarisserinnen aus Preßburg zugewiesen und verordnet, daß die „Waisenmädel" in das Bürgerspital kommen, und diesem Spitale dafür die Güter des Nikolai-Klösterl als Entschädigung zufallen sollen.

Diese Waisenmädchen (12 an der Zahl) kamen im Jahre 1624 in das Bürgerspital. Im Jahre 1666 fand eine weitere Vermehrung der

Kinder durch die Aufnahme der Chaos'schen Stiftknaben statt. — Freiherr von Chaos hat nämlich in seinem Testamente eine großartige Widmung zur Erziehung von Waisen angeordnet und die Testaments-vollzieher schlossen mit dem Bürgerspitale einen Contract dahin ab, daß dieses die Pflege und Erziehung von 30 Stiftknaben gegen jährliche 2500 fl. übernehme. Mit der Vermehrung des Stiftkapitals sind die Knaben 1672 auf 45 und 1675 auf 60 vermehrt und dafür dem Bürger-spitale die entsprechende höhere Zahlung geleistet worden. Die Chaos'schen Stiftknaben waren in einem eigenen Hause in der Kärnthnerstraße (jetzt Nr. 1043) untergebracht. Im Jahre 1736 wurde der Vertrag mit den Stiftungs-Administratoren erneuert und darin auch die Bestim-mung aufgenommen, daß die Stiftung sogleich 20 Knaben aus dem Bürgerspitale und dann jährlich 5 Knaben in die Verpflegung überneh-men solle. Dies geschah bis 1756, von welchem Jahre an die Stiftung anstatt dieser Verpflichtung jährlich 8000 fl. zum Unterhalte von 50 Findelkindern an das Bürgerspital zahlte. Die Chaos'schen Stiftknaben waren schon früher in ein neugebautes Haus auf der Laimgrube über-siedelt, welches 1754 zur Militär-Akademie umgestaltet wurde. Die Stiftknaben kamen aus diesem Grunde in das Brenner'sche Haus in der Währingergasse (heutige k. k. Gewehrfabrik), von da 1767 in das Waisen-haus am Rennweg und 1785 in das jetzige Waisenhaus in der Alser-vorstadt. Die Chaos'sche Stiftcapelle in der Kärnthnerstraße wurde 1763 abgebrochen und nebst einem Stöckel des Bürgerspitals zu dem Baue des Kärnthnerthor-Theaters abgetreten.

Wie sehr der Wirkungskreis des Bürgerspitals sich in diesem Zeit-abschnitte erweiterte, beweist auch der Umstand, daß im Jahre 1684 — Arme, Kranke und Kinder zusammen — 611 Personen im Spitale fort-während verpflegt wurden. Damit war aber das Spital überfüllt und die Kranken wurden auf Strohsäcken zwischen den Betten eingetheilt.

Von 1706 an wurde eine bessere Eintheilung möglich und es sind die Kranken und Gebärenden nach St. Marr, Personen mit gefährlichen Krankheiten in das Bäckenhäusl, Aussätzige in den Klagbaum zugewiesen

worden. Das Lazareth sollte blos als Pestspital dienen und stand noch
1713, in welchem Jahre zum letztenmale die Pest wüthete, bis 1766
leer. In diesem Jahre wurde es zum Militärspital mit dem Vorbehalte
überlassen, daß es sogleich dem Bürgerspitale zurückgegeben werden soll,
wenn eine Pest ausbrechen würde.

Am Ostersonntag des Jahres 1751 waren 409 bürgerliche und
116 unbürgerliche Arme, dann 161 Kinder im Spitale in der Stadt,
bei welchen Ziffern es so ziemlich bis Ende des Zeitabschnittes verblieben
ist. Außerdem waren noch in den Vorstädten Wiens und am Lande fortwährend Kinder in Pflege, deren Zahl von Jahr zu Jahr gestiegen ist und
in den letzteren Jahren 500—600 Köpfe betrug.

Die Zahl der Kranken in St. Marx hat 200, im 18. Jahrhunderte
300—500 betragen. Im Parzmaier'schen Hause war blos Raum für
30—40 Personen, und im Klagbaum konnten gar nur 12 Personen
untergebracht werden. Im Bäckenhäusl war zu Anfang des 18. Jahrhundertes der Raum für Kranke ebenfalls gering. Die vielen Bauten,
welche das Bürgerspital ausführte, vergrößerten jedoch dieses Haus auf
eine Weise, daß selbst über 500 Kranke in demselben verpflegt wurden.

Aus all' dem geht hervor, daß in diesem Zeitabschnitte weniger die
Armen als die Kranken die Mittel des Bürgerspitals in Anspruch nah-
men; auch sind es im Gegensatze zum 1. Zeitabschnitte zum geringeren
Theile „Bürger", welche im Bürgerspitale und dessen Filialen Hilfe und
Unterstützung fanden.

Die Zunahme des Verkehres, die allmälige Heranbildung Wiens
zum Centralpunkte der Industrie und des Handels, bewirkte eine rasche
Steigerung der Bevölkerung. Neben den Bürgern bewohnen auch nicht
bürgerliche Personen in großer Anzahl die Stadt und auch für diese mußte
bei allgemeinen Calamitäten Vorsorge getroffen werden. Insbesonders
nach dem Abzuge der Türken war eine große Noth und Verarmung der
Bevölkerung eingetreten und der Stadt sind plötzlich viele Verpflichtungen auf Wohlthätigkeitszwecke erwachsen, wofür aus früherer Zeit
keine genügenden Vorkehrungen vorhanden waren. Nach einer Urkunde

des Kaisers Ferdinand vom 25. December 1540 erhielt die Gemeinde die Ruinen der zerstörten Spitäler, um neue Anstalten zu errichten. Allein die Erbauung derselben ging nicht vorwärts. Das Bürgerspital hingegen hatte Vermögen und räumliche Gebäude, es stand unter der Oberleitung der Commune und es lag sehr nahe, demselben die Realisirung der Verpflichtungen der Gemeinde gegen Vergütung der Kosten zu übertragen.

Für die Uebernahme der Waisen- und Krankenpflege wurde das Bürgerspital auch immer entschädiget oder erhielt doch das Versprechen einer Entschädigung, und dadurch wurde seine eigentliche Widmung „für die Bürgerversorgung" gewahrt. In einer kaiserlichen Urkunde über die Quartierbefreiung des armen Spittlhauses ddt. Wien am 13. October 1676 wird als ein Verdienst des Bürgerspitals hervorgehoben, daß darin, „ob es zwar allein für die armen Bürger gewidmet, deren sich unter den Verpflegten nicht der 4. Theil befindet, auch andere arme Personen von allen Nationen verpflegt werden."

Die eigentliche und vorzüglichste Aufgabe des Wiener Bürgerspitales ist also auch in diesem Zeitabschnitte die „Bürgerversorgung" geblieben. Nur die Zeitverhältnisse haben dem Spitale einen allgemeineren Wirkungskreis zugewiesen und nur nach und nach hat dasselbe alle Zweige der Wohlthätigkeit in das Bereich seines Wirkens erhalten. Es erklärt sich dieses aus der Entstehung und Fortbildung der Bürgergemeinde. Mit dieser Gemeinde entstanden, war das Bürgerspital ursprünglich zur Versorgung alter und erwerbsunfähiger Bürger bestimmt. Eigene Krankenhäuser in einer Gemeinde sind sowie Findel- und Waisenhäuser stets das Bedürfniß einer späteren Zeit. Auch in Wien machte erst die Vergrößerung der Gemeinde, die Vermehrung ihrer Bevölkerung diese verschiedenen Wohlthätigkeits-Anstalten nothwendig. So lange nur vereinzelte Anforderungen gestellt wurden, genügte wieder das Bürgerspital und man gewöhnte sich dadurch daran, im Bürgerspitale den Centralpunkt für alle Zweige der Wohlthätigkeit zu finden, auch dann noch, als diese verschiedenen Zweige der Wohlthätigkeit schon weit ab von der eigentlichen

Bestimmung des Bürgerspitals, weit ab von seinen Verpflichtungen gelegen waren. Hat auch das Bürgerspital für diese, ihm fremden Zwecke
viele und große Zuflüsse und Unterstützungen erhalten — der ursprüng-
liche Stiftungsfond mußte seiner Widmung stets erhalten bleiben. Die
Bürgerversorgung verblieb der Hauptzweck des Bürgerspitales, alle anderen Zweige seines Wirkens waren Neben-
zwecke, welche mit der fortschreitenden Entwicklung der
Stadt entfallen.

Die Vermächtnisse, Stiftungen und Rechtsgeschäfte.

Geschenke und Vermächtnisse sind auch in diesem Zeitabschnitte dem Bürgerspitale zugeflossen; jedoch erst in der zweiten Hälfte
des 16. Jahrhundertes werden diese Gaben reichlicher zugewendet und das
Bürgerspital hat im Durchschnitte bis 1784 jährlich 2—3000 Gulden
auf diese Weise erhalten.

Auch die Stiftungen werden erst in der zweiten Hälfte des 16.
Jahrhundertes wieder zahlreicher und bestehen von nun an weniger in
Realitäten als in baaren Geldbeträgen.

Im Jahre 1541 erhielt das Bürgerspital mehrere Weingärten der
aufgelösten Bruderschaft „zu unserer lieben Frau", wofür einige Jahr-
tage zu begehen waren. Diese Bruderschaft führte als Siegel einen Reichsapfel mit einem Kreuz und dem Umschlingungsbuchstaben M — und es
scheint, daß das jetzige kleine Siegel des Bürgerspitales „ein
Reichsapfel mit einem Kreuz ohne M" damals angenommen wurde,
wenigstens kam früher dieses Siegel nicht vor.

Im Jahre 1567 hat Gabriel Kreuzer für die Armen im Bürgerspitale, St. Marx und Lazareth, je 500 fl. gestiftet, damit die Interessen vertheilt werden, ebenso weitere 500 fl. zum Lazareth, damit daselbst
mehrere Stuben für die Armen gebaut werden. Thomas Scherer hat
(1567) 500 fl. und Ursula Scherer (1588) 1500 fl. zum Bürgerspitale

St. Marr und Klagbaum gestiftet, damit die Interessen vertheilt werden; Barbara Wolf (1588) stiftet 300 fl. zur Gründung eines Jahrtages und Seelenamtes bei St. Clara. Mathias Schwarz (1591) vermacht einen Haussatz mit 100 fl., welcher Satz auf dem Hause Nr. 260 in der Stadt noch besteht.

Mit Uebergehung der weiteren kleineren Stiftungen führen wir noch an, daß im Jahre 1621 das Gasthaus zum wilden Mann in der Kärnthnerstraße dem Bürgerspitale zu dem Ende „verschafft" wurde, daß alljährlich am Susannatage allen im Spitale befindlichen Armen ein Mahl verabreicht werde. Dieses Haus wurde anfänglich verpachtet, 1671 aber verkauft.

Eine große Stiftung erfolgte auch 1705 durch Maria Freiin von Wallhorn, welche 3550 fl. zu dem Ende legirte, daß von den Interessen zwei arme Männer und Frauen, welche die jeweiligen Besitzer der Herrschaft Schönkirchen präsentiren sollen, im Bürgerspitale verpflegt werden.

Außerdem waren auch Stiftungen, die von Fremden im Bürgerspitale persolvirt wurden und von welchen die Stiftungscapitalien nicht im Bürgerspitale hinterlegt waren. So haben die Greißler, Oehlerer, Kässtecher und Häringer alljährlich ein solennes Hochamt mit Predigt und Opfergang gefeiert, und dann den Armen und Kindern im Bürgerspitale, den Armen zu St. Marr und im Klagbaum und auch den Gefangenen im Amtshause, Jedem eine Semmel, ein Blumenbüschl und 1 Kreuzer ausgetheilt, was nach der mündlichen Ueberlieferung auf einer alten Stiftung beruhte, worüber jedoch nichts Weiteres bekannt war.

Ebenso besteht noch eine Stiftung beim Stifte Schotten, wonach die Armen im Bürgerspitale und jetzt in allen Versorgungshäusern jährlich am Sebastianitage mit Wein und Brot betheilt werden. Diese Stiftung reicht bis in das Jahr 1480 zurück.

Weit wichtiger in diesem Zeitabschnitte sind jedoch die Besitzveränderungen in Folge vortheilhafter Rechtsgeschäfte.

Schon 1533 wurde die Herrlichkeit und Dienstbarkeit von 6 Häusern in Zwölfaxing, 1542 Zehnte zu Schwechat, Glettern, Simme-

ring, Ottakring, Altmannsdorf, Hietzing, Lainz und Speising um
2200 fl., das Dorf Penzing mit allen dazu gehörigen Diensten um
5500 fl., im Jahre 1551 ein Hof in Penzing mit 37 Joch Aeckern um
500 fl., im Jahre 1557 gegen Gumpendorf 18 Joch Aecker, 1563
ein Haus iu Perchtolsdorf sammt Weingärten, 1569 das Amt Nußdorf sammt allen dazu gehörigen Grunddiensten und Bergrechten käuflich
erworben.

Im Jahre 1582 wird das Aukrechtshäusel in der Spittelau gekauft, noch jetzt ein Eigenthum des Bürgerspitals — 1584 der Reidthof in St. Ulrich sammt Garten, Weingarten und 7 Joch Aecker um
3200 fl. und sofort noch weitere kleine Realitäten.

Eine großartige Erwerbung war die des oberen und unteren
Werdes (jetzige Roßau und Leopoldstadt) vor dem Werder-Thore und gegen
den neuen Thurm. Beide Werde gehörten der Stadt und sollten einem Gläu-
biger derselben im Exekutionswege übergeben werden. Das Bürgerspital bezahlte jedoch über Befehl des Bürgermeisters (1588) die Schuld und erhielt
die beiden Werde ins Eigenthum. Das Erträgniß derselben wurde in den
nächsten Jahren durch Verkauf der öden Grundflächen zum Häuserbau im
unteren Werd, durch Verpachtung des oberen Werdes an die Holzhändler,
sehr gesteigert. Auch von der Judenschaft kam ein großer Theil der Einnahme.
Sie hatten im oberen Werd ihre Begräbnißstelle, wofür sie (1623) jährlich 100 fl. bezahlten und als dieselben unter Kaiser Ferdinand II. (1624)
in den unteren Werd verwiesen wurden, woselbst ihre Quartiere einen
großen Theil der Haide, der Taborstraße, der Sperl-, Landelmarkt-,
Herrn-, Bad-, Pfarr-, Augarten- und Straßhaus-Gasse umschlossen,
waren sie dem Bürgerspitale dienstbar, an welches sie verschiedene Abgaben zu entrichten hatten. Im Jahre 1670 sind die Juden ganz aus-
gewiesen worden und erhielten von der Stadt für ihre Häuser eine Entschädigung von 110.000 fl., wovon auch die an das Bürgerspital rück-
ständigen Abgaben der Juden bezahlt wurden.

Im Jahre 1679 war die Pest, 1683 die Türken-Belagerung —
beide Calamitäten haben das Bürgerspital in Schulden gebracht und die

Commune allein hat (1688) eine bedeutende Forderung geltend gemacht, wofür wieder der obere und untere Werd, mit Ausscheidung der „jenseits des Grabens gelegenen Au" — Stadtgutau genannt — überlassen werden mußte.

Zur mehreren Ausgleichung erhielt das Bürgerspital noch die Befreiung vom Taz und Umgelde für eigene Bier- und Weinschanken und das Recht von allen in und vor Wien befindlichen Bierstuben diesen Taz und Umgeld selbst einzukassiren. Dieser Vergleich wurde am 2. Juni 1688 mit der Stadt förmlich abgeschlossen und erhielt 1689 die Bestätigung des Kaisers Leopold. Damit war die Herrlichkeit des Bürgerspitals über den oberen und unteren Werd zu Ende und demselben blos die Stadtgutau verblieben, welche noch jetzt im Besitze des Fondes ist. Auch hatte das Bürgerspital noch während seiner Grundherrschaft im unteren Werd ein Bräuhaus errichtet und daneben ein Häuschen angekauft, welche ebenfalls dem Spitale verblieben sind.

Im Jahre 1624 erwarb das Bürgerspital die Güter des Nikolaiflösterl: mehrere Weingärten, 2 Wiesen und einen Garten im unteren Werd, Zehente zu Gaunersdorf und Günzersdorf und einige Capitalien, wofür 12 Waisenmädchen ins Spital aufgenommen wurden.

Durch Kauf wurden weiter erworben: (1659) der Taz- oder dupplirtes Zapfenmaß — eine Abgabe von Wein, Bier u. a. Getränken in Nußdorf, Penzing und Weigelsdorf — (1669) ein Haus, Stabl- und Weingarten auf der Landstraße (jetzt Nr. 349 daselbst) zur Unterbringung von Heu und Stroh und zur Wohnung für den Stablmayer. Diese Realität wurde (1683) von den Türken zerstört, jedoch wieder neu aufgebaut und war eigentlich eine Stiftung des Wachslers Pezzolo zur Kirche bei St. Stefan, woselbst von dem Erträgnisse des Hauses eine tägliche Messe gelesen werden sollte. Nach Ankauf der Realität hat das Bürgerspital zur Erfüllung der Stiftung jährlich 266 fl. bezahlt, welche erst in der neuesten Zeit durch Bezahlung eines verhältnißmäßigen Capitals abolirt wurden.

Im Jahre 1682 wurde das Wirthshaus zum goldenen Adler in der Leopoldstadt im Executionswege für eine Forderung erworben, welche das Bürgerspital an den Eigenthümer hatte — das Wirthshaus wurde verpachtet, schon 1683 aber von den Türken zerstört, nach Auferbauung desselben (1687) verkauft, aber schon 1689 wieder um 10.700 fl. zurückgekauft, wonach es durch den ganzen Zeitabschnitt im Besitze des Spitals verblieb.

Im Jahre 1693 wurde die sogenannte Drittelsteuer erworben. Die Landstände kassirten von den Unterthanen die Steuern für den Staat ein und erhielten die Aufforderung den dritten Theil davon dem Staate abzukaufen, wofür sie für ewige Zeiten den dritten Theil der Steuern ihrer Unterthanen selbst behalten sollten. Die Stände haben das Ablöscapital an sämmtliche Herrschaften repartirt und an das Bürgerspital entfiel ein Betrag von 1681 fl., welchen dasselbe auch bezahlte und dafür jährlich 110 fl. und mehr an Drittelsteuer bezog. Mit dem Verkaufe der Unterthanen, dann mit der Aufhebung des Unterthänigkeitsverbandes hörte auch diese Drittelsteuer auf.

Im Jahre 1696 wurde das sogenannte Landgut (jetzt Vorstadt Spitelberg) erworben. Schon von alter Zeit her besaß das Bürgerspital Weingärten zwischen den Wegen bei St. Ulrich. Dieses und die dazu gehörigen Höfe waren Lehen und Landgüter des Stiftes Schotten und vor demselben, zwischen den Wegen, war das Bürgerspital „Grundherrschaft." Bis zum Jahre 1570 sind daselbst blos einige kleine Hütten bestanden, für welche vom Bürgerspitale ein eigener Richter bestellt war. Im Jahre 1584 kaufte das Bürgerspital den Reidthof daselbst mit einem Garten, 7 Joch Aeckern und mehreren Weingärten, worauf dann mehrere dienstbare Ansiedlungen entstanden. Im Jahre 1683 haben auch hier die Türken Alles zerstört; es kamen aber bald wieder neue Ansiedler, meistens Ungarn und Croaten, daher auch die neuentstandene Häusergruppe „Croatendörfel" genannt wurde. Mehrere Grundbesitzer haben zum Zwecke solcher Ansiedlungen gegen einen Gulden Zins per Klafter, Baustellen abgegeben, wogegen das Bürgerspital als Grundherrschaft protestirte und sämmtliche Klosterzinse nebst mehreren Häusern (1696) einlöste. Von dieser Zeit an datirt die Bezeichnung „Spitelberg."

Im Jahre 1704 hat das Bürgerspital von der Hofkammer den Wein- und Getreid-Zehent im Wiener Zehentbezirke um 38.000 fl. gekauft. Der Kauf wurde auf 10 Jahre geschlossen, innerhalb welcher Zeit der Kaufschilling zurückbezahlt werden sollte. Das Erträgniß dieses Zehents war jährlich 3--4000 fl. und blieb dem Bürgerspitale bis 1728, in welchem Jahre derselbe gekündet und 1729 mit 38.000 fl. zurückbezahlt wurde.

Die größte Erwerbung dieses Zeitabschnittes, wofür jedoch gleichfalls große Gegenleistungen übernommen wurden, waren die Güter vom Spitale zu St. Marx im Jahre 1706, bestehend in Aeckern zu Erdberg, auf der Landstraße, Wieden, in Simmering und Ebersdorf, zusammen gegen 400 Joch, Wiesen zu Simmering und Laxenburg über 100 Tagwerke, Weingärten über 100 Viertel zu Grinzing, Pötzleinsdorf, Gersthof, Perchtoldsdorf, dann Gärten auf der Landstraße, in Erdberg und Simmering, ein Wald hinter Hütteldorf (Schuhbrecherwald) mit 70 Joch und ein zweiter Wald bei Gablitz mit 44 Joch, welche beiden Wälder noch jetzt im Besitze des Fonds sind, endlich das arme Haus zu St. Marx sammt Brau-, Back- und Wirthshaus, das Schmidhäuschen und ein kleines Haus des Almosensammlers, wohin später das Linienamt gekommen ist, nebst einigen unterthänigen Häusern zu Grinzing und Simmering.

Außer diesen bisher angeführten Erwerbungen fanden noch viele kleinere Käufe statt, welche wir jedoch nicht weiter anführen wollen, nur im Allgemeinen sei bemerkt, daß von 1706 an — nach Incorporirung der Marxer-Güter — das Bürgerspital über 752 Joch Aecker, 429 Tagwerke Wiesen, 219 Viertel und 430 Pfund Weingärten, dann Wälder und Auen, 3 Bräuhäuser und dies Alles in eigener Bewirthschaftung besaß.

Es ist wohl selbstverständlich, daß alle diese angeführten Käufe auch vielfache Verkäufe bedingten. Realitäten, welche nicht vorzüglich

rentirten ober zu entfernt waren, wurden verkauft und dann der Grund-
saß festgehalten, die erzielten Kaufschillinge immer wieder in Realitäten zu
fundiren. Die Verkäufe sind im Verhältnisse zu den Käufen bei Weitem
geringer und daraus zu schließen, daß die Wirthschaft beim Bürgerspitale
gut geführt worden ist.

Wir können alle einzelnen Verkäufe wohl nicht im Detail verzeichnen und bemerken blos, daß bis 1569 außer dem Verkaufe einiger Weingärten zu Sievring und Klosterneuburg, einiger Aecker in St. Ulrich,
mehrerer Unterthanen in Zwölfaring und Inzersdorf und des alten Spital-
grundes vor dem Kärnthnerthore (1568) an 18 Bürger, keine wesentlichen Verkäufe vorkommen. Ebenso sind die Verkäufe bis 1600 und in
den folgenden Jahren nicht beträchtlich. Um die Mitte des 17. Jahrhundertes scheint jedoch die Weinwirthschaft wegen der vielen Beschwerden
nicht mehr beliebt gewesen zu sein und es kommen daher viele Verkäufe
von Weingärten in Penzing, Inzersdorf, Landstraße, Hernals u. a.
vor. Auch der Spittlhof zu Velm (Felling) sammt Gründen und Wiesen
wurden (1669) an Freiherrn von Kaiserstein und ebenso 24 Joch
Aecker bei St. Marx, „weil sie dem Spitale nicht mehr nützlich waren,‟
verkauft.

In der zweiten Türkenbelagerung (1683) wurden die meisten Weingärten verwüstet und der Aufbau derselben erschien nicht mehr lohnend,
daher gleichfalls viele in Maßleinsdorf, Penzing, Breitensee, Baumgarten, Nußdorf, Grinzing, Perchtolsdorf, Gersthof u. a. hintangegeben wurden.

Auch die meisten kleineren Häuser in Wien und auf dem Lande
wurden verkauft, weil deren Erhaltung viele Auslagen machte. Außer
dem St. Clara-Kloster besaß gegen Ende des 17. Jahrhundertes
das Bürgerspital blos noch das Bräuhaus in der Leopoldstadt, das Adler-
wirthshaus und den Mayerhof daselbst, den Spittlkeller am neuen Markt
(jetzt Nr. 1046), welcher 1675 zu einem Zinshaus neugebaut und 1781
mit einem 3. und 4. Stocke versehen worden war, 3 Fleischbänke am
Lichtensteg, 3 Fleckfiederhütten vor dem Kärnthnerthore, Haus und

Stadl auf der Landstraße, das Aukrechtshaus in der Spittlau und ein Jägerhaus im Stadtgute. Auf dem Lande waren noch ein Hof zu Grinzing und Penzing, ein Haus in Perchtoldsdorf und das Pilgramhaus in Mödling eigenthümlich.

Mit der Incorporirung von St. Marx hat die Bürgerspital-Wirthschaft eine so große Ausdehnung erlangt, daß das Ganze nur mit Mühe zusammengehalten werden konnte, weitere Erwerbungen in Realitäten werden von da ab nicht angestrebt, und die verfügbaren Baarbeträge durch Anlage bei den Ständen, im Stadt-Oberkammeramt, im Salzamt, Kupferamt u. s. w. fructificirt. Dagegen aber dauern die Verkäufe fort und zwar: 1706 das Haus zu Grinzing, 1710 das zu Penzing an die Gemeinde, 1709 das Dorf Weigelsdorf gegen Ueberlassung des Tazes am Spitelberg, 1717 ein Stück Grund zum Baue des Belvederes, ebenso Weingärten und Aecker zu Wien, Simmering, Penzing und Nußdorf in den folgenden Jahren. Im Jahre 1747 wird das seit 1542 im Besitze des Bürgerspitals gewesene Dorf Penzing an den allerhöchsten Hof verkauft, im Jahre 1780 aber durch Kauf wieder zurückerworben — das Jägerhaus im Prater wurde 1780 gleichfalls an den allerhöchsten Hof verkauft.

Zum Schlusse des Zeitabschnittes (1784) besaß das Bürgerspital: die 3 Bräuhäuser, das Spittlhaus am neuen Markt, das Ablerwirthshaus in der Leopoldstadt, Haus und Stadl auf der Landstraße, ein Haus zu Perchtoldsdorf und Mödling, 3 Fleischbänke am Lichtensteg, das Aukrechtshaus und die bekannten Spitäler.

Zehente und zwar diesseits der Donau: zu Velm den ganzen Wein-, Getreide-, und Kraut-Zehent, zu Zwölfaxing den ganzen Getreide-, Erbsen- und Linsen-Zehent, zu Weigelsdorf den Getreide- und Wein-Zehent, zu Simmering und Erdberg den halben Getreide- und Wein-Zehent, zu Schwechat im Frauenfeld und zu Kleberling den halben Getreide-Zehent, zu Penzing, Hietzing, Baumgarten, Lainz, Gumpendorf, Nikolsdorf, Maßleinsdorf, Meidling, Hundsthurm, Apgersdorf, Altmannsdorf, Unterliesing und um die Stadt Wien den halben Getreide- und Wein-Zehent. Dann jenseits der Donau: zu Hanfthal den halben Getreide-, Hühner- und Gänse-Zehent, zu Günzersdorf den ganzen und zu Gaunersdorf den halben Getreide- und Wein-Zehent.

Unterthänige Häuser: 425 — zu Hernals, Breitensee, Brunn, Simmering, Nußdorf, Heiligenstadt, Spitelberg, Rämpelsdorf (Reinprechtsdorf), Wieden und Erdberg.

Weingärten: 197 Viertel und 173 Pfund, davon waren 28 Viertel ehemals bei St. Marx.

Aecker: 764 Joch, davon 384 Joch von St. Marx.

Wiesen: 472 Tagwerke, davon 130 Tagwerke von St. Marx.

Gärten: 43, davon 36 von St. Marx und die 5 Wälder zu Habersdorf, Weidlingau, Kalksburg, Gablitz und Hütteldorf, nebst der Stadtgutau im Prater.

Im Vergleiche zum Besitzstand vom Jahre 1706 zeigt sich somit nur eine geringe Vermehrung der Aecker und Gärten, dagegen aber eine Abnahme im Häuser- und Weingärten-Besitze.

Die Fondsgebahrung.

Nebst den Vermächtnissen, Geschenken, Sammlungen, Erträgnissen von Stiftungen war es vorzüglich die eigene Wirthschaft, welche die Bedürfnisse des Institutes deckte und zwar:

Der Weinbau. Unmittelbar nach der Türkenbelagerung mehr vernachläßiget, kam derselbe bald wieder in Aufschwung und das Erträgniß wurde wie früher im Spittlkeller, auf der Mehlgrube, im Tischler- und Kunter-Grübl, in 2 Kellern des neuen Spittlhauses und an anderen Orten per Maß um 10—16 Denare verkauft. Schon 1531 sind wieder 837 Eimer ausgeschenkt, 1628 Eimer in Gebünden verkauft, 1552 Eimer im Spitale verspeist worden und darüber noch ein Vorrath von einigen tausend Eimern verblieben. Das Erträgniß war nach den Jahren und wechselnden Besitzverhältnissen sehr verschieden, jedoch in den besten

Jahren sind für verkauften Wein nicht über 10.000 Gulden einge-
flossen. In der zweiten Hälfte des 16. Jahrhundertes hat die Weinwirthschaft
abgenommen, die Verpachtung oder der Verkauf der Weingärten wurde
dem eigenen Betriebe vorgezogen, jedoch immer so viel gebaut, als im
Spitale und dessen Filialanstalten benöthiget wurde. Vom Jahre 1735
an, als die Naturalverpflegung der Armen aufgehoben wurde, hörte der
eigene Weinbau fast ganz auf und als Pachterträgniß von Weingärten
oder von verkauftem Wein erscheinen 12—15.000 fl. verrechnet.

Der Feldbau. Im Jahre 1531 waren erst 80 Joch mit Korn
und Hafer angebaut, während noch viele Gründe wegen Mangel an Be-
triebsmittel öde blieben. Wenige Jahre später sind schon über 200 Joch
Aecker und 300 Tagwerke Wiesen bewirthschaftet worden. Dieser Wirthschaftsbetrieb hat sich fortan gesteigert und wie schon erwähnt, mit der
Incorporirung von St. Marx seine größte Ausdehnung erreicht. Auch in
diesem Zeitabschnitte sind bis 1735 die Erträgnisse der Wirthschaft nicht
verrechnet und damit die Bedürfnisse des Spitales und seiner Filialanstalten gedeckt worden. Nur aus der Zahl der verpflegten Armen und Kranken kann gefolgert werden, daß auch diese Erträgnisse bedeutend gewesen
sind. Mit der Einstellung der Naturalverpflegung (1735) werden auch
die Aecker, Wiesen und Gärten theilweise verpachtet, theilweise selbst bewirthschaftet, und das Erträgniß erscheint immer in Geld mit 8—10.000
Gulden per Jahr verrechnet.

Wälder und Auen liefern Bau- und Brennholz, welches jedoch
den Bedarf nicht deckte, so daß vorzüglich Brennholz alljährlich angekauft wurde. Sie blieben fortwährend in der eigenen Bewirthschaftung,
weil selbe keine geeigneten Objecte der Verpachtung sind.

Die Zehente, welche meistens aus dem ersten Zeitabschnitte datiren und schon im Vorhergehenden aufgezählt wurden, werden anfänglich
wie die Wirthschaftsprodukte überhaupt, eingeheimset und im Spitale
verbraucht, mit der Aufhebung der Naturalverpflegung der Armen, ebenfalls verpachtet. Die Pachtschillinge wurden im Zehentamte bei St. Stefan eingehoben, weil das Bürgerspital mit dieser Kirche viele Zehente ge-

meinsam besaß. Das Erträgniß vom verpachteten Zehent beträgt jährlich 12.000—16.000 fl.

Das Gottesheilsalz, wovon schon im vorigen Zeitabschnitte gesprochen, wird fortwährend bezogen, auch ist dieser Bezug um jährliche 8 Stöcke vermehrt worden, welche bis 1706 dem Spitale zu St. Marx bewilliget waren.

Zu besonders ergiebigen Einkommensquellen gestalten sich in diesem Zeitabschnitte der Brauhausbetrieb und das Bierrecht.

Das erste Brauhaus vor dem Widmer-Thore wurde zerstört und nicht wieder aufgebaut. Im neuen Bürgerspitale entstand ein solches erst 1537, das Braugeschäft war aber nur gering betrieben und ungeachtet 1548 ein langer Trakt im Spitale zur Unterbringung des Brauhauses sammt allen Erfordernissen eingerichtet wurde, betrug die eigene Erzeugung im Jahre 1569 blos 1000 Eimer. Das Bier kostete damals per Maß 12—16 Denare. Der Betrieb im Stadtbrauhause nahm jedoch fortwährend zu, weil auch der Genuß des Bieres beliebter geworden war. Die Schenken wurden vielfach vermehrt, zu Ende des 16. Jahrhunderts jährlich über 7000 Eimer gebraut und zur Verbesserung des Bieres eigene Eiskeller errichtet.

Um diese Zeit entstand auch das Brauhaus in der Leopoldstadt, in welchem sowie nach der Incorporirung von St. Marx, auch im Marxer Brauhause das Bierbrauen fortgesetzt worden ist. Im Jahre 1719 wurden als Ertrag vom Stadtbrauhause 15.000 fl., vom Leopoldstädter-Brauhause 3000 fl., vom St. Marxer-Brauhause 10.000 fl. ins Spittlamt abgeführt. Dieses Erträgniß hat jedoch in den nächsten Jahren abgenommen und ist im Jahre 1730 auf 3800 fl., 2300 fl. und 720 fl. gesunken, daher das eigene Brauen aufgegeben und alle 3 Brauhäuser verpachtet wurden. Der Pächter zahlte für jedes Gebräu per 52 Eimer in der Stadt 13 fl., Leopoldstadt 11 fl., St. Marx 10 fl. und der Pachtzins im Jahre 1734 betrug in der Stadt 2739 fl., Leopoldstadt 3022 fl., St. Marx 1640 fl. Bis zum Jahre 1784 haben sich diese Erträgnisse auf 6000 fl., 4000 fl. und 2500 fl. gesteigert.

Worin das Bierrecht bestand, kommt bereits im ersten Zeitabschnitte vor, in welchem dieses Recht unbeanständet ausgeübt wurde.
Unmittelbar nach der Türkenbelagerung hatte das Bürgerspital kein
Bräuhaus, daher der ausschließliche Bierschank in Wien vom Bürgerspitale mit fremden Bieren, welche aus Olmütz, Iglau, Freystadt,
Mauthhausen u. a. bestellt wurden, gepflogen worden ist. Vom Jahre
1537 an kommt wieder zum Theile das selbst gebraute Bier in Verkauf.
Im Jahre 1564 hat Herbert Zöllner am Hundsthurm ein Braurecht erhalten, jedoch nur für sein eigenes Getreide und mit der Verkaufsbeschrän-
kung an sein Hofgesinde. In den Burgfrieden durfte kein Bier eingeführt
oder verkauft werden, wenn nicht vom Bürgerspitale dazu die Concession
gegeben war. In diesem Privilegium wurde das Bürgerspital noch 1627
und bis 1699 durch mehrere kaiserliche Mandate geschützt. Im Beginne
des 17. Jahrhundertes hat man jedoch die Biereinfuhr wegen nicht zu-
reichender eigener Erzeugung häufiger gestattet, wofür ein Aufschlag per
Eimer 3 kr. und von 1638 an per Eimer 15 kr. bezahlt wurde. Die
Einnahme hievon war in der Mitte des 17. Jahrhundertes 18—20.000 fl.
und stieg bis zum Jahre 1784 auf 30.000 und selbst 40.000 fl. per
Jahr. — Um die schon früher eingeführte Biertranksteuer für den Staat
erhöhen zu können, wurde dieser Aufschlag des Bürgerspitales aufgehoben und dafür vom 1. August 1784 an, ein jährliches Pauschale von
31.000 fl. aus dem Bancal-Aerar bezahlt.

Außer diesem Bieraufschlage wurde die Bierconsumtion noch weiter
belastet, z. B. im Jahre 1680 mit einem Aufschlage von 15 kr., welcher zur Erbauung von Contumaz-Anstalten bestimmt war und wovon
das Bürgerspital keinen Antheil hatte. Zur Tilgung der Schulden, welche
das Bürgerspital aus Anlaß der Pest im Jahr 1713 contrahirte, erhielt
dasselbe einen Bieraufschlag per Eimer 20 kr. bewilliget, welcher 1723
auf 15 kr., 1725 auf 5 kr. herabgesetzt und Ende 1726 ganz aufgehoben wurde. Die Schulden waren aber noch nicht getilgt, weßhalb
im Jahre 1735 ein neuer Aufschlag per Eimer 1 Schilling bewilligt
worden ist „insolange der Körner- und Hopfenpreis solches erlaube."

Dieser Aufschlag wurde 1738 auf 4 kr. und 1740 auf 1 kr. per Eimer ermäßiget und war im letzteren Betrage ein bleibender Bezug mit einem jährlichen Erträgniß von 2—3000 fl. — Im Jahre 1771 wurde dieser Bezug aufgehoben und dafür vom Handgrafenamte jährlich 2100 fl. dem Spitale bezahlt.

Das Bürgerspital genoß von jeher die Befreiung von allen Aufschlägen auf Victualien und andere Gegenstände, „insoweit diese Aufschläge den Unterhalt der Armen beschweren möchten." Als daher im Jahre 1731 auf Vieh, Wein, Getreide und andere Victualien eine Steuer ausgeschrieben und diese bei der Einfuhr eingehoben wurde, mußte diese Steuer zwar auch das Bürgerspital zahlen, auf Grund der bisherigen Befreiung ertheilte aber Kaiser Karl VI. am 25. Februar 1737 dem Spitale die Begünstigung, daß dasselbe vierteljährig um Vergütung der bezahlten Auflagen einschreiten könne. Diese Rückvergütung wurde auch unter dem Titel eines Almosens alljährlich mit 1600—2500 fl. bis 1761 geleistet. Von da an erhielt das Bürgerspital keine Vergütung. Erst 1771 wurde sich über Ansuchen des Spitals dahin verglichen, daß der Wein-, Fleisch- und Mehlaufschlag für die vergangenen Jahre vergütet und von 1771 für diese Aufschläge und den vorerwähnten Bieraufschlag von 1 kr. per Eimer zusammen ein jährlicher Betrag von 5000 fl. an das Spital bezahlt werden solle, was auch fortwährend geschah.

Als neue Einkommensquellen in diesem Zeitabschnitte müssen wir aber noch anführen:

Den Bier- und Weintaz. Seit alter Zeit mußten alle Bier- und Weinschanken — auch die des Bürgerspitales — an die Stadt eine Abgabe unter diesem Namen bezahlen. Das Bürgerspital hatte diesen Taz lange Zeit von der Commune gepachtet, im Jahre 1688 erhielt es nebst der Befreiung vom Taze für eigene Bier- und Weinschanken auch das Recht ins Eigenthum, von allen Bierschanken den Taz zu beziehen.

Aus dem Privilegium des ausschließlichen Bierschankes folgte für das Bürgerspital auch das Recht zur ausschließlichen Bierschank-Concessionirung, welches Recht mit der Steigerung der Bierconsumtion immer einträglicher zu werden begann. Wegen dieses Rechtes, das auch die Commune in Anspruch nahm, dann wegen des Tazes war ein langjähriger Proceß mit der Stadt, worin 1762 das Bürgerspital obsiegte, in Folge dessen sich die Einkünfte aus beiden Rechten, vom Jahre 1744 per 4447 fl. bis 1783 per 9342 fl., mehr als verdoppelten. Die Bierwirthe standen unter dem Bürgerspitale, es wurde ihnen 1734 eine Bruderschaft (Zunft) zu bilden gestattet, welche ihre Quatembermessen, sowie bei Ableben eines Bierwirthes eine Seelenmesse in der St. Clara-Kirche abzuhalten und dabei Almosen an die Armen zu vertheilen hatte.

So lange die Wirthschaft in eigener Regie war, hatte das Bürgerspital auch eigene Bier- und Weinschanken. Mit der Verpachtung der Bräuhäuser und Weingärten hören diese Schanken auf. Der Bier- und Weinschank im Stadtspitale, sowie der Bierschank zu St. Marx werden aber als herrschaftliche Gerechtsamen abgesondert verpachtet. Dasselbe war bei der Bäckerei im Stadtspitale und in St. Marx der Fall, so daß diese Gewerbsrechte an und für sich eine neue Einnahmequelle des Fondes bilden. — Das Adlerwirthshaus in der Leopoldstadt war immer verpachtet, rücksichtlich der Apotheke „zum heiligen Geist" in der Stadt wird in der nächsten Abtheilung mehreres erwähnt.

Ein Ausfluß der Grundherrlichkeit des Bürgerspitales war das Grundbuch oder das Verzeichniß der Unterthanen und des unterthänigen Besitzes, womit verschiedene Einnahmen, Mortuar, Laudemium u. a. verbunden waren. Dieses Grundbuch war sicher auch im 1. Zeitabschnitte vorhanden, das Erträgniß desselben mochte aber gering gewesen und die Bezüge wahrscheinlich dem Grundbuchführer überlassen worden sein. In diesem Zeitabschnitte gewann das Grundbuch schon eine größere Ausdehnung vorzüglich dann, als das Bürgerspital eigene Gründe zur Ansiedlung überließ, welche Ansiedler Unterthanen des Spitals wurden. Im Jahre 1706 kam das kleine Grundbuch von St. Marx zum Bürgerspitale und bis zum Jahre 1731 hat das Grundbuch schon eine solche Ausdehnung erlangt, daß zur Führung desselben noch ein Ad-junkt bestellt wurde. Im Jahre 1732 war die Einnahme vom Grund-buch bei 10.000 fl., welche Einnahme bis zum Jahre 1784 so ziemlich constant geblieben ist.

Das Einkommen von Wohnzinsen war gering, weil das Bürger-spital außer dem Spittlhaus am neuen Markte kein eigentliches Zinshaus noch besaß und selbst dieses erst gegen Ende des 17. und im 18. Jahr-hunderte einträglicher wurde. Zum Schlusse des Zeitabschnittes war das Zinserträgniß vom Spittlhause im Durchschnitte 5—6000 fl.

Die Burgrechte aus dem ersten Zeitabschnitte hören nach und nach ganz auf, weil die baaren Gelder nunmehr beinahe ausschließlich in öffentlichen Schuldpapieren fundirt werden und es treten die Interessen von diesen Papieren als Einkommensquelle an die Stelle der alten Burgrechte.

Wir haben damit nicht alle Einkommensquellen des Bürgerspitales in diesem Zeitabschnitte erschöpft, können jedoch die noch übrigen Zuflüsse, welche dem Spitale z. B. durch Opferstöcke und Sammelbüchsen, die bei den Thoren der Stadt, in verschiedenen Kirchen und Capellen aufgestellt waren, durch Beiträge von der Stadt, von den Vorstädten oder von Corporationen u. s. w. zu Theil wurden, übergehen, weil diese Zuflüsse nicht bedeutend sind und auch das Wesen des Armeninstitutes nicht be-rühren.

Im Allgemeinen gestalten sich die Einnahmen in diesem Zeitab-schnitte in folgender Weise:

	im Jahre 1531	7.573 fl.
	„ 1569	16.030 „
	„ 1601	30.019 „
	„ 1700	103.000 „

Die Ausgaben weisen fast die gleichen oder etwas kleineren Zif-fern nach.

Wir müssen jedoch hier bemerken, daß, wie in dem vorhergehenden Zeitabschnitte auch dermalen die Erträgnisse der Wirthschaft, soweit selbe im Spitale aufgezehrt wurden, nicht verrechnet sind. Aus den alten Rechnungen erhellt auch, was wir schon früher erwähnten, daß bis zum Anfange des 17. Jahrhundertes Baargelder meistens in Realitäten, weniger auf Burgrechte angelegt wurden, daher diese letzteren noch im Jahre 1603 zusammen blos 15.797 fl. betragen haben. Von da ab hören diese Geldanlagen nach und nach ganz auf und erscheinen dafür die Anlagen bei den Ständen, Stadt-Oberkammeramt u. s. w. — Bis 1654 hat das Bürgerspital an solchen Schuldpapieren schon 67.983 fl. besessen. Diese Summe stieg in den folgenden Jahren um so rascher, je mehr das Bürgerspital wegen seines ohnehin großen Besitzes an Realitäten weitere Ankäufe von Grund und Boden nicht realisirte.

Mit Beginn des 18. Jahrhundertes werden die Capitalien als Stammgut abgesondert und nur die Interessen davon als Einnahmen verrechnet. Im Jahre 1708, somit bald nach der Incorporirung von St. Marx, betragen

> die Einnahmen 130.861 fl.
> die Ausgaben 130.715 „
> die Capitalien 154.000 „

Die Pest im Jahre 1713 hat den Capitalienstand ganz aufgezehrt und das Bürgerspital mußte überdies noch gegen 500.000 fl. Schulden contrahiren. Nur durch die Bewilligung eines außerordentlichen und einträglichen Bieraufschlages und andere vielseitige Unterstützungen gelang es, die Vermögensverhältnisse des Spitales wieder nach und nach zu ordnen. Bis zum Jahre 1730 hatten auch die Capitalien wieder eine Summe von 112.602 fl. erreicht.

Um die Erträgnisse der Wirthschaft zu heben, hat die im Jahre 1733 ernannte subdelegirte Hofcommission viele Aenderungen im Wirthschaftswesen vorgenommen. Alle Gewerberechte, dann viele Aecker, Wiesen und Weingärten wurden verpachtet, die eigene Bewirthschaftung eingestellt und auch die Naturalverpflegung der Armen mit Ausnahme jener der Kinder aufgehoben. Alle Erträgnisse der Wirthschaft und der sonstigen Rechte werden in Geld verrechnet und die Rechnungen gewähren

ebendeshalb vom Jahre 1737 an einen genaueren Einblick über den je
weiligen Vermögensstand des Bürgerspitales, wie die folgende kurze Tabelle beweiset.

Im Jahre	Einnahmen	Ausgaben	Capitalien
	Gulden	Gulden	Gulden
1745 .	194 076	153.825	211.372
1746	201.356	162.062	223.560
1750	178.535	169.978	296.841
1766	273.331	252.749	337.454
1779	205.101	200.533	366.295
1782	210.532	200.006	378.366

Im Jahre 1784 erfolgt der Rechnungs-Abschluß mit Ende October und wird vom 1. November 1784 an nach dem Militärjahre fortgeführt. Auch sind im Jahre 1784 alle eigenthümlichen und Stiftungscapitalien der k. k. Stiftungshauptcassa übergeben worden, im nächsten
Jahre aber, nachdem 57.958 fl. von aufgelösten Stiftungen an den
Religionsfond übertragen waren, wieder zurückgekommen, wornach 1786
sämmtliche dem Bürgerspitale verbliebenen Capitalien mit 319.043 fl.
im Stadtdepositenamte hinterlegt worden sind.

Wir wollen mit allen vorangeführten Ziffern bloß den Beweis hergestellt haben, daß das Bürgerspital, ungeachtet der vielfachen Verpflichtungen, die demselben mit Bezug auf die Armen- und Krankenpflege
obgelegen sind, auch in diesem Zeitabschnitte fortwährend zugenommen
und allen Unfällen der Zeiten widerstanden hat. Die Ursache hievon lag
ohne Zweifel in den Unterstützungen, die dem Spitale allerhöchsten
Ortes zu Theil geworden, dann aber auch in der Unterstützung der Wiener und vor Allem in dem Umstande, daß der große Grundbesitz aus
alter Zeit und die Erträgnisse hievon mit der Zunahme des Verkehres an
Werth in großartigen Proportionen gestiegen sind.

Die Verpflegung der Armen und Kranken.

Auch im neuen Bürgerspitale, dem ehemaligen St. Clara-Kloster, wurde dieselbe Verpflegung der Armen wie im ersten Zeitabschnitte eingeführt. Die Ausspeisung geschah nach zwei Classen. Es wurde nämlich die Speise der Starken und der Schwachen unterschieden, für jede Classe sowie für jeden Tag die Speise namentlich vorgeschrieben und an die Armen und Kranken verabreicht. An bestimmten Tagen oder hohen Festtagen waren auch besondere Speisen: Fische, Bäckereien u. A. bestimmt.

Die Kindbetterinnen erhielten die schwache Portion und in den ersten 8 Tagen täglich ein Pfund lämmernes oder kälbernes Fleisch, Abends Zwetschken. Die Wiegen- und Falschenkinder erhielten täglich Milchkoch und zum Getränke gezuckerte Milch mit Wasser gemischt. Die größeren Kinder, Grünröckler, waren bis 1638 am schlechtesten gehalten und wurden größtentheils von dem Erträgnisse der Sammelbüchsen verpflegt, die in den Zimmern derselben aufgestellt waren. Vom Jahre 1638 an erhielten auch diese täglich eine Fleischspeise. Die Chaos'schen Stiftknaben hatten eine eigene Köchin und die beste Verpflegung.

Für die Bekleidung der Armen kommen wenige Auslagen vor, es genügten die Kleider der Verstorbenen. Nur Kotzen und Leinwand wurden gekauft, sowie auch Rupfen zum Einnähen der Todten.

Die Grünröckler hatten grünes Gewand und graue Strümpfe, die Nikolai-Mädchen Röckel von grünem Tuch, rothe Kittel und rothe Strümpfe. Die Chaos'schen Knaben erhielten jährlich zwei Kleider von blauer Farbe, wie solches die Stiftung verordnete.

Selbst als noch wenige Kinder im Bürgerspitale waren, im Jahre 1384, war für dieselben ein Präzeptor bestellt und nur bei St. Stefan und St. Michael sind damals gleichfalls Schulen bestanden. Auch in diesem Zeitabschnitte war für die Kinder im Bürgerspitale ein Präzeptor bestimmt, die Chaos'schen Stiftknaben hatten deren zwei und zum Unterrichte in den schönen Künsten noch einen Cantor, Geiger und Mahler.

Zur Unterbringung der Armen, Kinder und Kranken mußte das St. Clara-Kloster genügen. Bis zum Jahre 1677 kommen größere Bauten daselbst nicht vor. In diesem Jahre wurde jedoch ein Neubau am Schweinmarkt begonnen und um die stumpfe Ecke bis zur Kirche durch 20 Jahre fortgesetzt. Auch im Innern des Spitals sind für die Erfordernisse des Institutes viele Bauten vorgenommen worden.

Nach einer Aufzeichnung vom November 1684 bestanden im Bürgerspitale damals die nachfolgenden Zimmer oder Stuben:

Die Nikolaistube . . . . mit 14 Betten,
„ Burgerstube . . . . „ 13 „
„ große Männerstube . . . . . . „ 85 „
„ neue Männerstube . . . . „ 31 „
„ Burgerinstube . . . . „ 15 „
„ Schwarzstube . . . . „ 51 „
„ Marienstube . . . . „ 5 „
„ Neustube . . . . „ 27 „
„ Extra-Männerstube . . . . „ 27 „
„ Extra-Bubenstube . . . . „ 18 „
„ Eisenstube . . . . „ 19 „
„ Mühlstube . . . . „ 32 „
„ Kindbettstube . . . . „ 51 „
„ Grünröcklerstube . . . . „ 32 „
„ Kinderstube . . . . „ 29 „
„ Nadelstube . . . . „ 15 „
und für die Chaos'schen Stiftlinge sammt
Dienstboten mehrere Stuben . . . . . „ 68 „
zusammen 532 Betten.

Nach Vollendung des Baues im Jahre 1697 haben die Stuben andere Bezeichnungen erhalten, nur die Burger- und Burgerinstube und die für die Kinder blieben mit der bisherigen Bezeichnung, alle übrigen erhielten den Namen eines Heiligen: Barbarastube, Marthastube, Sebastianistube, Rochusstube u. s. w.

In den zugewiesenen Filialspitälern geschah die Verpflegung der Kranken vom Bürgerspitale aus und auf die gleiche Weise.

Eine wesentliche Aenderung in der Verpflegung erfolgte im Jahre 1735 durch Aufhebung der Naturalverpflegung als Folge der im Wirthschaftswesen vorgenommenen Veränderungen. Die Armen erhielten statt der Kost nunmehr täglich und zwar die Bürger 7 kr., die Nichtbürger 6 kr. In der Stadt, sowie auch in St. Marx und im Bäckenhäusl wurde ein Koch aufgenommen, der die Traiterie erhielt, in welcher die Speisen von den Armen angekauft werden konnten. Blos die Kinder, deren Ammen und Dienstboten und die Kranken erhielten die Natural-Verpflegung fort.

Die größeren Kinder werden seit vielen Jahren auf das Land in die Kost gegeben und für Eines 20—30 Gulden Kostgeld jährlich bezahlt. Vom Jahre 1752 an kommen auch Fatschenkinder auf das Land, um die auffallende Sterblichkeit zu vermindern, welche im Stadtspitale unter denselben herrschte. Sie wurden bei ihrer Abgabe auf einem Fuße mit einem Zeichen markirt.

Zur ärztlichen Hilfe für die Armen und Kranken war im Stadtspitale ein Physikus, in späteren Jahren auch ein Wundarzt mit den nöthigen Gehilfen und noch ein zweiter Arzt bestellt. Auch in den Filialspitälern war je ein Arzt, im Lazareth jedoch nur zur Zeit einer Epidemie unterhalten. Auf Medikamente wurde im ersten Zeitabschnitte und auch in den ersten Jahren dieses Abschnittes nicht viel ausgegeben, weil das Bürgerspital damals noch keine eigene Krankenanstalt war, und noch im Jahre 1550 haben diese Auslagen blos 300 fl. betragen. Im Jahre 1551 wurde aber schon eine Hausapotheke errichtet, die Auslagen auf Medikamente erreichten mit Beginn des 17. Jahrhundertes die Höhe von 1000 Gulden und darüber und deshalb wurde im Jahre 1642 eine neue Apotheke in der Kärnthnerstraße, wo selbe noch besteht, erbaut, ein eigener Provisor aufgenommen und von da aus später auch die Filialanstalten mit Medikamenten versorgt. Auch an Private wurden Medikamente verabreicht, wogegen das Apothekergremium protestirte, bis

Kaiser Leopold am 27. Jänner 1681 dem Bürgerspitale das Privilegium ertheilte, die Apotheke mit dem Zeichen „zum heiligen Geist" fortzuführen. Auch wurde das Gremium verpflichtet, dieselbe als eine öffentliche Apotheke in seine Visitationen einzubeziehen.

Die Bürgerspitals-Apotheke war erst im Jahre 1652 vollständig etablirt und nahm bis zu Ende des 17. Jahrhundertes einen größeren Aufschwung, so daß damals 1 Provisor und 3 Gehilfen angestellt waren. Die Apotheke wurde bis Ende des 18. Jahrhundertes in eigener Regie betrieben, und von da an, gleich den übrigen Gewerberechten verpachtet.

Für die Seelforge sind nicht mehr 7 Geistliche, sondern blos 3 — ein Pfarrer und 2 Capläne — im Bürgerspitale angestellt. Im 17. Jahrhunderte waren zeitweise auch nur zwei Geistliche, daher bei feierlichen Anlässen fremde Geistliche geladen werden mußten.

Bei den Frohnleichnams-Umgängen war die Geistlichkeit des Bürgerspitals im Range vor mehreren Stadtpfarren gereiht, alle Herren, Frauen und das Dienstpersonale des Spitales mußten an diesen Prozessionen theilnehmen, zu welcher Feier sie mit Kränzen betheilt wurden.

Von der Spitalskirche aus geschahen auch alljährlich Prozessionen:

am 25. April nach St. Marx (Markus-Prozession),

in der Kreuzwoche nach St. Anna, zu den Himmelpforten und zu den Franziskanern,

in der Octave des Frohnleichnamsfestes nach St. Stefan,

am Rochustage nach Penzing,

am Bartholomäustage nach Hietzing und

in der Rosalien-Octave zur Capelle im Bäckenhäusl.

Entgegen wurden auch in die Spitalskirche Wallfahrten vorgenommen und die Rechnungen zeigen, daß auf Paramente zur Hebung dieser Feierlichkeiten große Auslagen gemacht wurden.

In allen Stuben des Spitals wurden über Anordnung des Stadtrathes (1651) Crucifixe aufgemacht. Im Jahre 1696 befand sich im Bürgerspitale ein wunderthätiges Gnadenbild, zu welchem große Prozessionen stattgefunden haben.

Die religiösen Feste überhaupt wurden wie früher auch im Bürgerspitale bei St. Clara mit großem Pompe gefeiert. Es waren dazu immer
die ersten Bürger geladen, welche mit ihren Familien und all ihrem Haus-
gesinde in festlichen Kleidern hiebei erschienen. Selbst Mitglieder des
a. h. Hofes haben oft diesen Festen beigewohnt und dann war das Zu-
strömen der Wiener um so größer, die Feier selbst um so erhebender. So
finden wir auch alljährlich verzeichnet, daß der Allerhöchste Hof in der
Fastenzeit am heil. Grabe im Bürgerspitale gebetet und bei diesem An-
lasse die Armen beschenkt hat. Im Jahre 1769 haben diese Besuche des
heil. Grabes von Seite des a. h. Hofes aufgehört. Gegen Ende des Zeitabschnittes war die Theilnahme an den religiösen Festen im Allgemeinen
geringer auch diese Feste selbst wurden theilweise abgestellt.

Die Verwaltung und deren Hilfspersonale.

Die Verwaltung wurde im Wesentlichen wie im ersten Zeitabschnitte fortgeführt. An der Spitze derselben standen der Spittlmeister
und die beiden Superintendenten, welche aus dem Stadtrathe gewählt
worden sind. Das Hilfspersonale mußte im Laufe des Zeitabschnittes
wegen des größeren Umfanges der Geschäfte vermehrt werden und wir
finden schon gegen Ende des 16. Jahrhundertes einen eigenen Grundschreiber, Zehenthändler, Riemanzer, Amtsschreiber, jeder mit einem
oder mehreren Gehilfen angestellt. Für die Jurisdiction und zur Vertre-
tung in Rechtssachen war auch ein Syndikus im Bürgerspitele be-
schäftiget.

Der Spittlmeister hatte nebst der Jurisdiction mit dem Syndikus
auch die Wirthschaft zu verwalten, wobei er in wichtigen Angelegenheiten
das Gutachten der Superintendenten und zum Theil auch die Genehmigung des Stadtrathes einholen mußte. Die Spittlmeisterin hatte das
Zuschneiden und die Verrechnung aller Leinwandsorten, die Abgabe der
Victualien in die Küche, die Aufsicht über die Küche zu besorgen.

Der Grundschreiber ist nur der Führung des Grundbuches und der Verwaltung der Pupillargelder betraut, er hatte die Inventuren vorzunehmen, die Contracte des Bürgerspitales zu verfassen u. a.

Der Zehenthäubler hatte seinen Amtssitz im vereinigten bischöflichen Zehentamte bei St. Stefan, mußte die Zehentbezirke bereisen, den Zehent mit Hilfe eigener Boten einbringen, überhaupt in allen Zehentangelegenheiten mitwirken.

Der Remanenzer hatte alle Rückstände vorzumerken und einzubringen, die nothwendigen gerichtlichen Schritte deshalb einzuleiten und verschiedene Controlls-Dienste zu leisten.

Der Amtsschreiber besorgte die Kanzleigeschäfte und stand in allen Dienstessachen dem Spittlmeister zur Seite.

Die Superintendenten erhielten ein Honorar und zu bestimmten Zeiten Wirthschaftsproducte als Gratification für ihre Mühewaltung. Ebenso erhielt der Spittlmeister blos die Verpflegung für sich und seine Familie und zeitweise Gratificationen. Um die Mitte des 17. Jahrhundertes wurde der Spittlmeister bleibend besoldet. Nach einer Rechnung von 1703 hatten

der Spittlmeister 450 Gulden,
„ Grundschreiber 100 „
„ Zehentner 100 „
„ Remanenzer 80 „
„ Amtsschreiber 26 „

Jahresgehalt nebst Quartier und voller Verpflegung im Spitale. Der Syndikus hatte blos eine Bestallung von 60—70 fl.

Im Bräuhause in der Stadt war ein Bierschreiber, ein Praumeister, dann Brauknechte, Binder, Bierführer und andere Diener.

Außer diesen waren im Stadtspitale: ein Schaffer, welcher die Aufsicht über die Baulichkeiten führte, beim Einkaufe der Victualien intervenirte u. s. w., ein Kastner für die Verwahrung der Körnerfrüchte, ein Ober- und Unterkellner für die Weinwirthschaft und eigene Leutgeber für den Weinausschank. Der Pfister besorgte die Brodbäckerei mit 4 Gehilfen. Für die verschiedenen Hausverrichtungen sind verschiedene Individuen mit den Namen: Krautbauer, Stablmayer, Zuschrotter, Geschirrmayer, Kuhmayer u. s. w. bestellt, deren jeder seine eigenen Diener und Knechte hatte.

Alle im Stadtspitale Bediensteten speisten beim Spittlmeister auf 3 Tischen und jeder Tisch hatte seine besondere Speiseordnung.

Beim e r s t e n Tische speisten:

    der Spittlmeister sammt Frau,

    „ Pfarrer und seine Capläne,

    „ Grundschreiber,

    „ Remanenzer und

    „ Bierschreiber.

Beim z w e i t e n Tische:

    der Amtsschreiber,

    „ Kastner,

    „ Präzeptor,

    „ Schaffer,

    „ Oberkellner,

    „ Pfister,

    „ Hofbinder.

Beim d r i t t e n Tische:

    der Unterkellner,

    „ Müller,

    die Müllerjungen,

    „ Herrenkutscher

    und andere Diener.

Alle Bediensteten erhielten auch zu bestimmten Zeiten Geschenke — Verehrungen genannt, z. B. zu Mariä-Lichtmeß gemalte Kerzen und Wachsstöcke, in der Fasten jeden Mittwoch, Freitag und Samstag Salzbrezen, am Palmsonntage Palmbuschen, zu Ostern Osterflecken, rothe Eier und Selchfleisch, beim Frohnleichnamsfeste Kränze, zur Weinlese Most, zu Allerheiligen Heiligenstritzel, zu Weihnachten Rauchwecken. Auch bei verschiedenen anderen Gelegenheiten wurden Wirthschaftsproducte „verehrt." —

Zur Aufsicht über die Waldnngen des Bürgerspitales wurden gegen Ende des 17. Jahrhundertes mit Bewilligung des betreffenden Hofamtes die nächststationirten k. k. Förster bestimmt, worüber im Jahre 1707 bezüglich der Stadtgutau ein förmlicher Contract abgeschlossen worden ist.

Bezüglich der Armen führte der „Stubenvater" die Aufsicht, daß dieselben ihre ordentliche Kost erhielten und mit allen anderen Bedürfnissen versehen werden. Der Stubenvater mußte täglich mit seiner Gattin die Küche visitiren, die Speisen verkosten und alle Gebrechen sogleich anzeigen. Er führte ein Protokoll über sämmtliche Arme im Spitale und übernahm die Verlassenschaften der Verstorbenen.

Zur Bereitung der Speisen für die Armen war die große oder „Armenleutküche" bestimmt. Ausgespeist wurde zu Mittag um 10 Uhr, Abends um 5 Uhr im Sommer, um 4 Uhr im Winter.

Es scheint in den letzteren Jahren nicht immer bei der Verwaltung eine besondere Oekonomie vorgeherrscht zu haben, weil öfter Erinnerungen in dieser Beziehung vorkommen und im Jahre 1716 insbesondere die großen Mahlzeiten beim Spittlmeister untersagt worden sind. Im Jahre 1718 werden die 3 Tische völlig aufgehoben. Die vom ersten Tische erhielten Geld-Aequivalente, für die Personen des zweiten und dritten Tisches übernahm die Kuchelmeisterin um eine bestimmte Summe die Verköstigung, vom Jahre 1723 an erhielten auch diese Personen ein jährliches Kostgeld.

Um diese Zeit begann die für Stiftungen eingesetzte Hofcommission einen mehreren Einfluß auf die Verwaltung des Bürgerspitales auszuüben. Sie übte eine strenge Controlle, und um nützliche Aenderungen insbesondere im Wirthschaftswesen zu berathen und einzuführen, wurde mit Beiziehung von inneren und äußeren Stadträthen im Jahre 1735 eine Spezial-Commission delegirt; die bisherigen Superintendenten werden ihres Amtes enthoben, der eigene Wirthschaftsbetrieb wird größtentheils eingestellt und in Folge dessen auch die Naturalverpflegung der Armen aufgehoben, was wir schon früher erwähnt haben.

Diese delegirte Hofcommiſſion übte bis zum Jahre 1747 den mei=
ſten Einfluß auf die Verwaltung; von da ab erſcheint jedoch wieder der
Stadtrath als Oberleiter und die beiden Superintendenten werden wie
früher dem Spitllmeiſter zur Berathung in wichtigen Angelegenheiten bei=
gegeben.

Der Abſchluß dieſes Zeitabſchnittes.

Ungeachtet der veränderten Verhältniſſe, welche durch die fort=
ſchreitende Entwicklung des Verkehres, durch das Zuſtrömen vieler Tau=
ſende von Fremden veranlaßt wurden, war die Armen= und Kranken=
pflege größtentheils auf die blos für das lokale Bedürfniß berechneten In=
ſtitute angewieſen verblieben und außer dem großen Armenhauſe am
Alſerbach ſeit 1693 keine Anſtalt begründet worden, welche den ver=
änderten Zeitverhältniſſen vollkommen Rechnung getragen hätte. Wenn
auch den verſchiedenen Spitälern von Staatswegen manche Zuflüſſe zuge=
wendet wurden und insbeſonders durch die Zuweiſung von St. Marx an
das Bürgerſpital ein größerer Centralpunkt für Humanitätszwecke ge=
ſchaffen war, ſo haben doch alle Spitäler nur theilweiſe genügt.

Dem ſchöpferiſchen Genie Kaiſer Joſef des Zweiten war es vor=
behalten, auch hier eine totale Umänderung zu begründen. Er faßte den
Plan, alle verſchiedenen Anſtalten in Eine großartige Anſtalt zu vereini=
gen. Bereits im Jahre 1781 erhielt die Regierung den Auftrag, einen
Entwurf auszuarbeiten, wie dieſe Eine Humanitätsanſtalt neu eingerichtet
und organiſirt werden ſoll. Der von der Regierung nach 15 Monaten
vorgelegte Entwurf hat den Kaiſer nicht befriediget und unterm 24. Au=
guſt 1782 hat derſelbe ſelbſt die Baſis detaillirt verzeichnet, auf welcher
die Regulirung vorgenommen werden ſollte. Gleichzeitig wurde zur ſchnel=
len Durchführung der gegebenen Normen im September 1782 die Ober=
direction in Stiftungsſachen zuſammengeſetzt, dagegen aber die milde
Stiftungscommiſſion, die Congregation der Caſes pauperum und der
Convertitencaſſen aufgelöst.

Die vom Kaiser Josef vorgeschriebenen Normen bestanden im Wesentlichen in folgenden Grundsätzen:

„Die dermalen vorhandene Anzahl der Kinder, Kranken und Armen müsse aus den bestehenden Mitteln auch in Zukunft erhalten werden.

In den einzelnen Spitälern ist zunächst die Zahl der Kranken zu erheben und was für diese im Jahre hindurch an Medikamenten, Krankenwärtern, Doctoren u. a. ausgelegt worden, in eine Massa zu nehmen, welche den Fond des allgemeinen Spitales bildet, wohin die Kranken aus allen Spitälern zu bringen sind.

Die Kinder werden auf die gleiche Weise gezählt und sammt dem gestifteten Vermögen für dieselben in das Waisenhaus am Rennweg übersetzt.

Für die Armen soll ein Handgeld ausgemittelt werden, gegen dessen Bezahlung sie auswärts leben und sich fortbringen mögen. Die solches nicht im Stande sind, werden in dem großen Armenhause oder im Contumazhof untergebracht."

Im September 1782 sind die Kinder aus dem Bürgerspitale in das Waisenhaus am Rennweg übersiedelt und dahin für die Verpflegung derselben im Jahre 1783 — 8800 fl. bezahlt worden. Kranke und Arme blieben noch vorläufig in den bisherigen Anstalten, weil das allgemeine Spital noch nicht fertig war und die Regulirung überhaupt nur langsamen Schrittes vorwärts ging.

Kaiser Josef erließ daher im Februar 1783 ein neuerliches Handbillet mit folgenden entschiedenen Befehlen:

„Alle in den Armenhäusern befindlichen Individuen, so selbst hinaus zu gehen wünschen und sich etwas verdienen können, sind gegen wöchentlich abzureichende Hausportion sogleich zu entlassen. Eine eigene Commission hat sämmtliche Armenhäuser, Stube für Stube, durchzugehen, die Armen, welche austreten wollen und auch diejenigen, welche wegen Gebrechen verbleiben müssen oder verbleiben wollen, aufzuzeichnen und den letzteren zu bedeuten, daß sie nach Ibbs, ins

Karthäuser-Kloster nach Mauerbach und wenn diese Orte nicht ausreichen, in das Kloster Imbach unweit Krems oder in den hiesigen
Contumazhof gebracht werden.

Die Kranken vom Bürgerspital sind in das allgemeine neue Krankenhaus, die armen Bürger in den Contumazhof zu bringen und das
Bürgerspital selbst soll in ein Zinshaus umgebaut werden."

Das neue Generalspital wurde am 16. August 1784 eröffnet und
die Kranken aus allen Spitälern kamen in den nächsten Monaten dahin.
Die armen Bürger sind aber nicht in den Contumazhof, sondern in Folge
einer Allerhöchsten Entschließung vom 11. August 1784 in das ehemalige
Krankenhaus zu St. Marx übersiedelt, welches von da ab das Versorgungshaus der Wiener Bürger verblieben ist.

Durch diese kaiserlichen Anordnungen waren die allgemeine Armen-
und Krankenpflege vollkommen in das Bereich der Staatsverwaltung gezogen, welche zum Zwecke der erstern das Findel- und Waisenhaus, dann
die verschiedenen Versorgungshäuser und die Pfarr-Armen-Institute
creirte, zum Zwecke der letzteren vorzüglich das neue allgemeine Krankenhaus in der Alservorstadt bestimmt hat.

Nur jene Vermögenschaften, welche zur Versorgung
der armen Bürger von Wien gestiftet waren und welche bisher immer die Gemeinde verwaltete, sind auch ferner in der
Verwaltung der Gemeinde unter der Oberleitung der Hofcommission in Stiftungssachen verblieben.

III.

Das Wiener Bürgerspital

nach

dem Jahre 1784.

Das Bürgerversorgungshaus zu St. Marx und das Siechenhaus beim Klagbaum.

Wir haben hier zunächst einige Notizen über die Entstehung beider Anstalten nachzuholen.

Bezüglich des Spitales zu St. Marx sind weder die Zeit der Entstehung, noch die Namen der Gründer bekannt, und was in letzterer Beziehung in einer kurzen Broschüre des Dr. Lorenz Novag über St. Marx erzählt wird, daß es ursprünglich die Besitzung eines Arztes war und von diesem zur Krankenpflege gestiftet wurde, gehört in das Bereich der Sage.

Von einem Armenhause „St. Marx" geschieht in den alten Urkunden erst in der Mitte des 14. Jahrhundertes eine Erwähnung. Es läßt sich aber durch Vergleichung alter Urkunden unter einander mit großer Wahrscheinlichkeit annehmen, daß die Bezeichnung „St. Marx" erst in der Mitte des 14. Jahrhundertes allgemein wurde und daß dieses Spital schon früher unter dem Namen „bei St. Johann vor dem Stubenthore" oder „bei St. Lazar vor dem Stubenthore" bestanden habe. Ist dies richtig, so bestand St. Marx urkundlich schon im Jahre 1318 und wir werden nicht viel fehlen, wenn wir die gleichzeitige Entstehung desselben mit dem Siechenhause „zum Klagbaum" in der zweiten Hälfte des 13. Jahrhundertes annehmen.

Das Siechenhaus beim Klagbaum wurde auf der Wieden, in der noch jetzt bestehenden Klagbaumgasse im Jahre 1266 vom Meister Gerard, dem Stifter des Heiligengeist Spitals, für aussätzige Arme und Sieche gegründet. Es hatte eine kleine Capelle zum heil. Job und stand unter der Aufsicht eines Meisters und einer Meisterin. Die Armen erhielten eine kleine Pfründe, als Hauskleidung einen Mantel mit einem rothen Kreuze in einem rothen Ringe und mußten insbesonders

für den Stifter, dann für den Landesfürsten und für die Wohlthäter des
Spitales tägliche Gebete verrichten. Dieses Siechenhaus hat nie eine
nennenswerthe Vermögenschaft erworben, die Armen blieben vorzüglich auf das Almosen beschränkt, weshalb es auch mit St. Marx und
mit diesem zum Bürgerspitale incorporirt wurde. Im Klagbaum waren
fortwährend 10—12 Personen untergebracht, bis es 1785 ganz aufge-
lassen wurde. Die wenigen Stiftungen, welche das Siechenhaus hatte,
oder die bis 1785 gewidmet wurden, sind noch jetzt beim Bürgerspitale
und werden daselbst fortwährend als Klagbaumstiftungen derart persolvirt, daß bis 1811 — 12 Personen und seither 6 Personen verpflegt
werden mit der Verpflichtung, die stiftbriefmäßigen Gebete zu verrichten.

Das Spital zu St. Marx hatte immer eine eigene Verwaltung, welche nach der ersten Belagerung Wiens durch die Türken,
als die Gemeinde die Oberleitung erhielt, auf dieselbe Weise wie im
Bürgerspitale eingeführt wurde. Schon im 14. Jahrhunderte wird eine
Capelle zum heil. Johannes bei St. Marx genannt, welche gut dotirt
war. Die jetzige Kirche wurde jedoch erst im 16. Jahrhunderte, wahrscheinlich nach dem Jahre 1529 gebaut, weil alle in derselben noch sicht-
baren Grabsteine aus dieser Zeit stammen. Den Bau des Thurmes ver-
legt eine Inschrift an der Außenseite desselben in die Jahre 1626 und
1627, als Michael Petk von Amberg, äußerer Rath in Wien, Obervater
des Spitals gewesen ist.

Die Vermögenschaften des Spitales zu St. Marx gelangen
erst nach 1529 durch verschiedene größere Stiftungen zu einer mehreren
Bedeutung und bestanden größtentheils in Aeckern, Gärten, Wiesen und
Weingärten, welche von jeher selbst bewirthschaftet wurden. Von dem
Erträgnisse der Wirthschaft deckte das Spital seine Auslagen und hat
im 17. Jahrhunderte fortwährend 150—200 Kranke verpflegt.

Als jedoch im Jahre 1683 von den Türken Haus und Wirthschaft
zerstört, Felder und Weingärten verwüstet, der Wein abgelassen und das
Vieh hinweggetrieben waren, konnte sich das Spital in seiner Vermögensgebahrung nicht mehr erholen, daher es 1706 auf Befehl der Regie-

rung mit dem Bürgerspitale incorporirt wurde, das ohnehin an St. Marx mehrere Forderungen hatte.

Unter der Verwaltung des Bürgerspitales wurde St. Marx gleich anfänglich erweitert und durch neue Gebäude vergrößert. Es wurden eigene Abtheilungen für Schwangere, Wahnsinnige, innere und äußere Kranke verschiedener Art errichtet und im Spitale fortwährend 300 bis 500 Personen verpflegt.

Mit Ausnahme kleinerer Abänderungen verblieb St. Marx in dieser Verwendung bis 1784, in welchem Jahre die sämmtlichen Kranken in das neue allgemeine Spital übersiedelten.

Nach St. Marx dagegen wanderten Anfangs des Jahres 1785 aus dem Bürgerspitale in der Stadt 87 gebrechliche arme Bürger und Bürgerswitwen und von dieser Zeit an war St. Marx das Versorgungshaus für Wiener Bürger.

Es liegt am äußersten Ende der Landstraße in einem verschobenen Rechtecke gebaut. Die Grundarea des Gebäudes sammt Hofräumen beträgt 3 Joch 1151 Klafter. Gleich beim Haupteingange befindet sich die Kirche, links an der Verwaltungskanzlei vorbei sind ebenerdige Pfründnerzimmer, über diesen im 1. Stocke die Verwalterswohnung. Am Ende des Ganges führt eine Stiege zu den Pfründnerzimmern im 1. Stocke mit einigen kleinen Seitentracten. Ebenerdig sind hier die Localitäten für die Traiterie, für die Magazine und weiter zurück das Badhaus. An diesen linken Haupttract schließt sich die Einfriedungsmauer und wendet sich gegen den rechten Haupttract, wo zunächst die Wohnung des Arztes und 4 Krankenzimmer und daran anstoßend die Localitäten des Bräuhauses sich befinden.

Von dem Haupteingange rechts biegt um eine stumpfe Ecke das Bierschanklocale, rückwärts desselben befindet sich das Backhaus und über der Straße, abgesondert vom Versorgungshause, gehört noch ein kleines Häuschen „Schmidhaus" genannt, zum Versorgungshause.

Rückwärts des Bräuhauses, am Linienwall, ist der Garten mit einem Flächenraume von 1 Joch 1312 Klafter, welcher zur Benützung für die Armen, für den Verwalter, Bräumeister und Bierschankpächter abgetheilt ist.

Es ist dies der gegenwärtige Bestand des Versorgungshauses zu St. Marx. Im Wesentlichen war derselbe seit mehr als einem Jahrhundert gleich; nur sind im Laufe der Zeit nach Bedürfniß an den Haupttract stückweise kleine Gebäude, ohne viele Wahl und Adaptirung der Theile unter einander angefügt worden. Dadurch erklärt sich auch die Verschiedenartigkeit der äußeren Anlage des Hauses (s. Abbildung) und die Verschiedenartigkeit der einzelnen Räume im Innern. Die ebenerdigen Zimmer datiren aus ältester Zeit, sie sind klein, niedrig und gewölbt, unzugänglich für Licht und Luft und deshalb auch feucht und der Gesundheit schädlich. Besser sind die Zimmer in den kleinen Stockwerken und in den Seitentracten, jedoch auch diese entsprechen nicht den Anforderungen, welche im Geiste des Jahrhundertes an eine Versorgungs-Anstalt für arme Bürger gestellt werden müssen.

Der gegenwärtige Wirkungskreis des Wiener Bürgerspitales.

Arme und erwerbsunfähige Bürger, Bürgersfrauen und Witwen zu unterstützen und zu verpflegen ist seit 1784 der ausgesprochene Zweck des Wiener Bürgerspitales.

Wir haben jedoch im vorhergehenden Zeitabschnitte erwähnt, daß dem Bürgerspitale zum Zwecke der Waisen- und Krankenpflege verschiedene Vermögenschaften zugewachsen sind. Wir haben auch erwähnt, daß die Verpflichtungen des Bürgerspitales in Absicht auf die Waisen- und Krankenpflege an die neucreirten Staatsanstalten übergingen und der Fond zur Bestreitung der Auslagen der neuen Staatsanstalten aus den Mitteln der alten Spitäler nach dem allerhöchsten Willen gebildet werden mußte. In Folge dessen wurde auch für das Bürgerspital als ehemaliges Kranken-, Findel- und Waisenhaus nach einem mehrjährigen Durchschnitte der Auslagen für Kranke, Findelkinder und Waisen eine jährliche Beitragsquote ausgemittelt und für die Jahre 1785—1787 mit 103.575 Gulden 15 Kreuzer per Jahr fixiert, für die Jahre 1788—1791 wegen

Abgabe einiger Stiftungscapitalien an die Staatscassa auf 103.432 fl. 37²/₄ kr. vermindert. In Folge einer Vorstellung des Bürgerspitales, daß durch diese hohe jährliche Abgabe der eigentliche Zweck des Fondes gefährdet sei, indem dadurch beinahe das gesammte Einkommen des Fondes erschöpft werde und für die Armenpflege kaum der 5. Theil der jährlichen Abgabe übrig bleibe, wurde diese jährliche Quote (1791) auf 96.184 fl. 34²/₄ kr. bestimmt, wobei es bis 1808 verblieb. Vom Jahre 1809 an erhöhte ein Hofkanzleidecret den Beitrag auf 118.618 fl., der bis 1819 bezahlt wurde. Vom Jahre 1820 an mußten 2 Fünftel der vorstehenden Summe in Conventions-Münze und 3 Fünftel in Wiener-Währung entrichtet werden, wonach die jährliche Abgabe sich auf 189.739 fl. 45 kr. W. W. oder 75.895 fl. 54 kr. C. M. erhöhte. Dieser Beitrag wird noch alljährlich an die Staatscassa aus dem Einkommen des Bürgerspitales unter dem Namen „rezeßmäßige Gebühren" entrichtet.

Es kann wohl nicht angenommen werden, daß diese jährliche Beitragsquote noch weiter erhöht wird. Das Bürgerspital strebt vielmehr die Herabminderung derselben auf 103.432 fl. 37²/₄ kr., das ursprünglich bestimmte Ausmaß, an, welches sich in Folge des Finanzpatentes von 1811 auf den gleichen Betrag in W. W. oder auf 41.373 fl. 3 kr. C. M. beziffern würde und zwar darum, weil blos diese Summe als Aequivalent für die früheren Verpflichtungen erhoben wurde und blos diese, bis zum Jahre 1784 obgelegenen Verpflichtungen des Bürgerspitales — nicht die, mit der Erweiterung der Hauptstadt fortwährend zunehmenden Auslagen der Staatsanstalten die Grundlage der Zahlung bilden. Wäre das letztere der Fall, so müßte die Zeit kommen, wo das ganze Einkommen des Bürgerspitales als jährliche Beitragsquote bezahlt wird, wo sonach der Fond selbst aufgelöst und im Findel-, Waisen- und Krankenhaus-Fonde incorporirt ist. Alle Widmungen des 1. und 2. Zeitabschnittes für arme Bürger, alle Widmungen seit 1784, welche eminent die Bestimmung „für arme Bürger" an sich tragen, wären ihrem Zwecke entzogen.

Wir konnten diese längere Bemerkung über die Beitragsquote des Bürgerspitales zu Zwecken der Staats-Humanitätsanstalten nicht übergehen, weil diese Zahlung zum Wirkungskreise des Fondes in der Neuzeit gehört, eine Lebensfrage des Fondes bildet und auf die Ausdehnung der Bürgerversorgung selbst einen großen Einfluß ausübt.

Die Unterstützung verarmter Bürger geschah von Beginn dieses Zeitabschnittes bis jetzt auf eine zweifache Weise: durch monatliche Handbetheilungen und durch Verpflegung im Versorgungshause zu St. Marx.

In St. Marx ist die Zahl der Verpflegten fortwährend gestiegen,

von 87 Personen im Jahre 1785
auf 163 „ „ „ 1798
„ 171 „ „ „ 1800
„ 244 „ „ „ 1808
„ 296 „ „ „ 1815
„ 336 „ „ „ 1830
„ 400 „ „ „ 1840.

Schon mit dieser Zahl war das Versorgungshaus vollständig besetzt. In den späteren Jahren bis jetzt konnten zum Höchsten 420 Personen aufgenommen werden.

In der Handbetheilung waren 1785 beiläufig 300 Personen. Die Zahl der Betheilten wurde in den nächsten Jahren wegen Mangel an genügenden Mitteln nicht sehr vermehrt und stieg bis 1798 blos auf 346 Personen. Mit Beginn dieses Jahrhundertes erholte sich der Fond wieder mehr und mehr und vermochte bis 1815 schon 553 Arme zu unterstützen, welche Unterstützung bis 1847 schon auf 900, im Jahre 1852 auf 1000, im Jahre 1853 auf 1100 und seit 1858 auf 1200 Personen ausgedehnt wurde.

Die Vermächtnisse, Stiftungen und Rechtsgeschäfte.

Die armen Bürger im Versorgungshause erhalten häufige Geschenke theils von den Gewerbs-Corporationen, welchen sie früher angehörten, theils auch von einzelnen Personen, die gewöhnlich selbst ihre Spende unter die Armen vertheilen oder vertheilen lassen. Und diese Spenden sind nicht blos für die nothwendigsten Bedürfnisse der Armen berechnet. Sehr oft reichen sie über das Nothdürftige hinaus und erfüllen im reichlichen Maße die edle Absicht des Geschenkgebers, welcher den Armen eine besondere Freude bereiten wollte. Das war von jeher der Charakter des Wieners, daß er sich nicht recht freuen kann, wenn die Armen sich nicht mit ihm freuen. Wo immer der Einzelne oder eine Corporation ein Freudenfest feierte, da müssen auch die Armen dabei sein und sich mitfreuen. So war es immer, so ist es auch noch heute in Wien.

Nebst der unmittelbaren Betheilung der Armen im Versorgungshause fließen aber auch dem Bürgerspital-Fonde für seine allgemeinen Zwecke durch Vermächtnisse fortwährend reichliche Gaben zu. Alljährlich weisen die Rechnungen an solchen Spenden 3000 bis 4000 fl. nach, und in einzelnen Jahren hat diese Ziffer auch das Doppelte, das Dreifache betragen.

In Folge eines Vermächtnisses des k. k. Regierungs-Concipisten Josef Klein hat der Fond im Jahre 1847 die Hälfte des Hauses Nr. 682 in der Stadt erworben und die andere Hälfte im Jahr 1854 gekauft. Ferner hat die Hauseigenthümerin Therese Krautel ihren gesammten Nachlaß an 6 Humanitätsanstalten, darunter das Bürgerspital, gewidmet, wovon dem Bürgerspital 10.387 fl. repartirt wurden. Mit diesem Erbtheile und einer Aufzahlung von 5000 fl. hat das Bürgerspital (1857) das zum Nachlaß gehörige Haus Nr. 99 am Schottenfelde gekauft, dasselbe im folgenden Jahre jedoch wieder hintangegeben.

Auch Stiftungen sind seit 1784 in baren Beträgen und bis jetzt 30 an der Zahl vorgefallen, mit der Widmung des Ertägnisses theils zur Vertheilung an die Armen, theils zur Feier einer heiligen Messe in der Kirche des Versorgungshauses an bestimmten Tagen des Jahres.

Uebrigens bestehen beim Bürgerspitals-Fonde aus alter Zeit 18 Stiftungen vom Klagbaum Spitale und ebenso noch 16 Stiftungen aus der Zeit vor 1784, welche mit den vorbenannten 30 Stiftungen der neueren Zeit dermalen ein Jahreserträgniß von 7300 Gulden öst. Währ. abwerfen. Dieses Erträgniß wird auf die stiftbriefmäßige Weise verwendet.

Die Rechtsgeschäfte anbelangend, erwähnen wir, daß Erwerbungen auf diese Weise seit 1784 sehr wenige und diese erst in den letzten zwei Jahrzehnten stattgefunden haben. So wurde (1841) das Chaos'sche Stifthaus Stadt Nr. 1043 gekauft. Dieses Haus war ursprünglich theils auf ebenerdige Gebäude des Bürgerspitals, theils vom Grunde aus für die Chaos'schen Stiftlinge von der Stiftung gebaut, wurde nach Uebersiedlung der Stiftlinge auf die Laimgrube längere Zeit zu amtlichen Zwecken verwendet, später zu einem Zinshause eingerichtet, und wie erwähnt, im Jahre 1841 vom Bürgerspitale, soweit es diesem nicht ohnehin schon gehörte, erworben.

Im Jahre 1854 wurden ein Grundcomplex von 24 Joch im Steuerbezirke Maßleinsdorf, im Jahre 1856 das Haus Nr. 1042 in der Stadt und im selben Jahre ein kleines Haus Nr. 38 am Althann angekauft. Im Jahre 1859 endlich kam ein Grundcomplex von 21 Joch in Pötzleinsdorf, dann das Haus Nr. 41 am Althann, nebst den daselbst befindlichen Holzlagerplätzen durch Kauf zum Bürgerspitale.

Die übrigen käuflichen Erwerbungen betreffen blos kleinere Grundstücke in Simmering, Ebersdorf und Meidling, womit zunächst eine bessere Arrondirung des angränzenden Bürgerspital-Grundes bezweckt worden ist.

Dagegen haben aber Verkäufe von Realitäten in viel ausgedehnterem Maße stattgefunden. Die entfernten Aecker, dann sämmtliche Weingärten in Pötzleinsdorf, Grinzing, Ottakring, Nußdorf u. s. w. sind schon zu Ende des vorigen Jahrhundertes hintangegeben worden. Im Laufe des 19. Jahrhundertes wurden die Wiesen zu Himberg, Lagenburg, Guntramsdorf und Achau, der Paulusgrund in Erdberg, die Auen und Aecker in Kagran, Aecker in Gumpendorf und auf der Landstraße, die Fleischbänke in der Bischofgasse verkauft. Im Jahre 1824 wurde das Bäckenhäusl in der Währingergasse an die Regierung für den allgemeinen Armenfond gegen dem abgetreten, daß daselbst auf immerwährende Zeiten 25 Bürger verpflegt werden. Weiter sind 1838

Stadel und Haus auf der Landstraße, 1840 das Adler-Wirthshaus und 1843 das Bräuhaus und Bierschreiberhäusl in der Leopoldstadt ebenfalls verkauft worden.

Nicht unbedeutende Verkäufe mußten aus öffentlichen Rücksichten in den letzten drei Jahrzehnten zur Nordbahn, zur Glognitzer- und Brucker-, dann zur Verbindungsbahn, zum k. k. Arsenal, zur Ferdinands-Wasserleitung, zu den Friedhöfen von St. Marx, Matzleinsdorf und am Hundsthurm, zum Neustädter-Canal, zu den Viehständen und zum Schlachthause in St. Marx stattfinden.

Aus Anlaß der Erbauung des neuen Bürgerversorgungshauses sind endlich im Jahre 1856 das Versorgungshaus zu St. Marx, das Bräuhaus, Back- und Schmiedhaus daselbst, nebst einem neuerbauten Stadel und einigen Grundparzellen verkauft worden.

Gegenwärtig besitzt der Bürgerspitals-Fond folgende Realitäten und zwar:

Häuser: Das große Zinshaus Stadt Nr. 1100 und das damit vereinigte Haus Stadt Nr. 1043, das Haus Nr. 1046 am Neuenmarkt in der Stadt, das Haus Nr. 1042 in der Kärnthnerstraße, das Haus Nr. 682 in der Schönlaterngasse, die kleinen Häuser Nr. 15 am Althann (das alte Aufknechtshäusl), Nr. 38 und Nr. 41 ebendaselbst und das neuerbaute Bürgerversorgungshaus in der Alservorstadt.

Aecker und Gärten, zusammen 660 Joch in folgenden Bezirken:

in Erdberg	11	Joch,	davon 10 Joch Gärten,
auf der Landstraße	131	,,	meistens Aecker, einige Gärten und Hutweiden.
,, ,, Wieden	46	,,	Aecker,
in Matzleinsdorf	26	,,	,,
am Hundsthurm	36	,,	Aecker und Gärten,
in der Alservorstadt	2½	,,	Hausgarten und Haus-Area,
,, Althann und Lichtenthal	23	,,	meistens Gärten und dann Holzlagerplätze,
,, Ebersdorf	72	,,	Aecker,

in Simmering . . . 189½ Joch Aecker und einige Gärten,
„ Meidling . . . 97 „ Aecker,
„ Fünfhaus . . 3 „ „
„ Pötzleinsdorf . 21 „ „
„ Heiligenstadt . . . 12 „ Gärten.

Die Wiesen aus früherer Zeit, soweit selbe nicht verkauft wurden, sind, um deren Erträgniß zu erhöhen, in Ackergründe umgestaltet worden, und somit im Flächenmaße der Aecker inbegriffen.

Wälder, Waldwiesen und Auen, zusammen 754 Joch, in folgenden Bezirken:

in Purkersdorf nächst Weidlingau, den Rothwasserwald pr. 130½ Joch,
„ Gabliß, den Matzerwald pr. . . . . 45½ „
„ Hadersdorf, den Schuhbrecher-, Hadersdorfer- und Wurzbacherwald, zusammen pr. . . . . 178 „
„ Weidlingau, eine Wiese pr. . . . . 2 „
„ Breitenfurth, den Kaltenburgerwald pr. . . . . 193½ „
und die Auen und Wiesen im k. k. Prater pr. . . 204½ „

Im Vergleiche zum früheren Zeitabschnitte und selbstverständlich in Folge der vielen vorangeführten Verkäufe, hat sich der Realitäten-Besitz des Fondes bedeutend reduzirt und weil die Kaufschillinge immer in öffentlichen Staatspapieren fructificirt werden, so ergibt sich als gleichzeitige Folge mit dem Beginne des 19. Jahrhundertes eine fortwährende Vermehrung der Capitalien, wie die nächste Abtheilung zeigen wird.

Die Fondsgebahrung.

Die verschiedenen Einkommensquellen haben seit 1784 eine totale Umänderung erfahren.

Die eigene Wirthschaft wurde zu einem kleinen Theile noch bis 1793 fortbetrieben, von da ab wird aber allgemein das Verpachtungssystem eingeführt, wie dieses schon bezüglich der meisten Aecker, Wiesen und Weingärten und sämmtlicher Gewerberechte der Fall war.

Es ist darin auch bis in die Neuzeit keine Aenderung eingetreten und diese Pachtschillinge bilden das Einkommen des Fondes von jenem Grundbesitze mit Ausnahme der Wälder und Auen, welche fortan unter der Aufsicht der k. k. Förster selbst bewirthschaftet werden.

Die Zehentrechte verbleiben fast in der vollen Ausdehnung des vorigen Zeitabschnittes bis zum Jahre 1848, nur wurden auch diese Rechte seit 1793 verpachtet.

Die grund- und dorfherrlichen Rechte über 425 unterthänige Häuser und über verschiedene Gründe waren schon 1797 größtentheils verkauft, nur ein kleiner Rest ist ebenfalls bis zum Jahre 1848 verblieben.

Mit der allgemeinen Aufhebung des Unterthänigkeitsverbandes und der Entlastung des Grund und Bodens von allen daraus entspringenden Verpflichtungen, haben auch die zehent- und grundherrlichen Rechte des Bürgerspitales aufgehört. Als Entschädigung dafür erhielt der Fond (1851) Grundentlastungs-Obligationen im Betrage von 150.840 fl. Conv. Münze, wovon nunmehr die Interessen dem Fonde zufließen.

Das „Gottesheilsalz" wurde (1786) für das Bürgerspital und für St. Marx auf einen jährlichen Bezug von 643 fl. umgeändert, dieser Betrag im Jahre 1811 auf die gleiche Summe in Wiener-Währung reduzirt und wird noch fortwährend mit 258 Gulden Conv. Münze oder 260 fl. 90 kr. öst. W. aus der Staatscassa bezogen.

Das Bräuhaus in der Stadt Nr. 1100 wurde Ende des Jahres 1789 cassirt und an dessen Stelle der 4 Stockwerke hohe Tract gegen die Augustiner-Bastei zu, gebaut. Bis 1789 war das Bräuhaus, wie auch die übrigen Bräuhäuser in der Leopoldstadt und in St. Marx bis zu deren Verkauf (1843 und 1856) verpachtet. Ebenso waren auch das Adlerwirthshaus in der Leopoldstadt, der Bierschank und das Backhaus in St. Marx bis zu deren Verkauf (1840 und 1856) fortan verpachtet.

Die übrigen Gewerberechte, als Bier- und Weinschank, dann das Backhaus und die Apotheke verblieben als Pachtobjecte und sind als solche noch dermalen Einkommensquellen des Fondes.

Vom 1. November 1829 an wurde eine allgemeine Verzehrungssteuer eingeführt und die sämmtlichen bisherigen Consumtionsgefälle
mußten gegen Entschädigung aufhören. Damit haben auch der „Bier-
taz und das Umgeld", welche das Bürgerspital von den Bierschanken
in der Stadt und in den bürgerlichen Vorstädten bezog, sowie die Befreiung der eigenen Schankgerechtigkeiten von diesen Abgaben, ihr Ende
erreicht. Bis zur Ausmittlung der Entschädigung erhielt das Bürgerspital
jährliche Vorschüsse. Im Jahr 1849 erfolgte dann die Entschädigung dadurch, daß dem Fonde zwei Staatsobligationen über einen Betrag von
463.336 fl. C. M. ausgestellt wurden, wovon die Interessen nunmehr anstatt der früheren Bezüge dem Fonde zufließen.

Bezüglich des „Bierrechtes und der verschiedenen Aufschläge, welche schon im vorigen Zeitabschnitte mit dem jährlichen Betrage von 36.000 fl. reluirt wurden, haben wir blos zu erwähnen, daß
auch dieser Bezug im Jahre 1811 auf die gleiche Summe in Wiener-
Währung reduciert worden ist und dermalen jährlich mit 14.400 fl. C. M.
oder 15.120 fl. öst. W. aus der Staatscassa bezahlt wird.

Eine fortwährend steigende Einkommensquelle der Neuzeit sind die
Miethzinse vorzüglich von dem Zeitpuncte an, als der Umbau des ehemaligen Spitales in der Stadt in ein Zinshaus vollendet war.

Rücksichtlich der Fondsgebahrung im Allgemeinen bemerken
wir, daß zu Ende des vorigen Jahrhundertes zunächst der Neubau in der
Stadt viele Summen erforderte, welche contrahirt werden mußten. Der
Stadtmagistrat allein hat zum Zwecke des Baues 502.000 fl. darge-
liehen und die laufenden Interessen der contrahirten Schulden, die jährliche
große Abgabe an die Humanitätsanstalten des Staates lähmten nothwendig
die Wirksamkeit des Fondes in Betreff der Armenpflege auf längere Zeit.

Ungeachtet überall auf Ersparungen und auf Erhöhung der verschiedenen Erträgnisse gesehen wurde, hatte der Fond alljährlich ein bedeu-
tendes Deficit nachzuweisen. So betragen

1797 die Einnahmen 238.900 fl.
      die Ausgaben 273.527 „

1798 die Einnahmen 258.000 fl.

die Ausgaben 281.000 „

Zum Zwecke der Armenpflege konnten nicht mehr als 20—25.000 fl. verwendet werden.

Es war dies auch in den nächst vorhergehenden Jahren der Fall und um endlich hierin Ordnung und die Fondsgebahrung selbst geregelter zu machen, sind im Jahre 1798 gegen 360.000 fl. Schulden bezahlt, in Folge dessen aber die Capitalien auf 88.000 fl. vermindert worden.

Die jährlichen Passiven ließen befürchten, daß das Fortbestehen des Fondes selbst gefährdet sei. Kaiser Franz I. erließ daher eine Aufforderung an die Bürger Wien's, ihren alten historischen Versorgungsfond nicht sinken zu lassen und demselben durch persönliche Dienste oder durch Unterstützungen aufzuhelfen. Und der Aufruf des hochgeliebten Monarchen, entsprungen aus einem Herzen voll Milde und Güte, entflammte auch die Herzen aller Wiener Bürger. Was an höchster Stelle als Wunsch im Interesse der leidenden Armuth ausgesprochen wurde, es sollte, es mußte bald in Erfüllung gehen, weil der Kaiser selbst an die christliche Nächstenliebe seiner Bürger appellirte und dieses hohe Wort nie ohne Erfolg, nie ohne begeisterten Widerhall geblieben ist.

Es entstand in Folge dieses Allerhöchsten Aufrufes die Bürgerspital-Wirthschafts-Commission. Die einzelnen Mitglieder derselben gingen persönlich von Haus zu Haus und sammelten milde Gaben für die armen Bürger, die Spenden vereinigten sie in der sogenannten „milden Beitragscassa," aus welcher dann die Armen in St. Marx Zulagen zu ihrer Betheilung erhielten. Diese Beitragscassa wurde später, nachdem der Fond schon mehr gekräftiget war, wieder aufgehoben. Eine vorzügliche Einnahmspost der Beitragscassa bildete eine musikalische Akademie, die alljährlich für die armen Bürger abgehalten wurde, die erste im Jahre 1801, wobei Haydn das Oratorium „die Schöpfung" persönlich dirigirte. Diese Akademien finden noch alljährlich statt, sie sind immer durch den Besuch des Allerhöchsten Hofes, vieler Herrschaften und durch eine zahlreiche Versammlung der

Wiener ausgezeichnet und beweisen, daß sich die Pietät für das alte Bürgerversorgungs-Institut fortwährend erhalten hat.

Der Bürgerspital-Wirthschafts-Commission, welche allseitig die Sympathie der Mitbürger für den Bürgerspitalfond wach erhielt, ist das Wiederaufleben des Fondes zu verdanken. Die Rechnungen des laufenden Jahrhundertes zeigen von Jahr zu Jahr ein günstigeres Resultat, wie die folgende kurze Tabelle zeiget:

1.

Jahr	Einnahme	Ausgabe	
1809 . .	338.365	297.130	Gulden alte Währung.
1816 .	365.922	341.469	„ W. W.
1848 . .	195.511	193.661	„ Conv. Münze.
1852 . .	265.933	248.781	„ „
1856 .	338.914	332.644	„ „
1860 .	364.004	363.033	„ öst. W. präliminirt.

2.

Hauptposten

der	1809	1816	1848	1852	1856	1860
	alte W.	W. W.	Conventions-Münze			öst. W.
Einnahme an:						
Interessen von Capitalien	13.635	20.000	30.348	61.093	78.762	89.000
Pachtzinse von Aeckern	22.661	117902	10.561	19.696	35.884	44.092
Miethzinse	111.791		118.010	147.174	178.000	188.000
Erträgniß der Wälder .	13.519	4.397	5.426	13.774	7.477	9.210
Taz	10.636	10.342	—	—	—	—
Zehent	14.868	14.534	—	—	—	—
Grundbuch	3.838	514	3.396	.	—	—
Ausgabe an:						
Landesfürstl. Steuern .	5.640	26.076	27.522	42.850	64.445	72.047
Staats Hum.-Anstalten	118.618	118.618	75.895	75.895	75.895	79.712
die Armen . . .	38.538	32.602	61.075	63.683	98.079	133.800

Bei der Ausgabepost für die Armen in der letzten Tabelle sind auch die Armen im Versorgungshause, jedoch nur rücksichtlich ihrer täglichen Geldportionen, begriffen. Die Kosten auf Wohnung, Bekleidung, ärztliche Pflege u. s. w. sind darin nicht enthalten.

Die Wirthschafts-Commission hat durch diese Resultate der Fondsgebahrung ihren Namen glänzend gerechtfertiget. Alljährlich ergeben sich Ueberschüsse beim Fonde und dies nicht zum Nachtheile der Armenpflege. Die steigende Ausgabe für die Armen beweist, daß die Commission den eigentlichen Zweck des Institutes, die bessere Verpflegung der armen Bürger, nie aus dem Auge verlor.

Aus der vortrefflichen Gebahrung des Fondes seit dem Beginne des laufenden Jahrhundertes, zunächst aber dadurch, daß viele Realitäten verkauft, viele Rechte abgelöst und die erhaltenen Werthe in Staatspapieren fructificirt wurden, erklärt sich die Zunahme des Einkommens an Interessen von Capitalien oder die Zunahme der Capitalien selbst, welche

von	88.000 Gulden					im Jahr	1798
auf	272.700	„	.	.	.	„	1809
„	137.700	„ Conv.-M. und 426.000 W. W.				„	1835
„	586.003	„	„	„	380.000 „	„	1848
„	1,353.000	„	„	„	316.000 „	„	1852
„	2,024.000	„	„	„	299.103 „	„	1860

gestiegen sind.

Wenn wir das Einkommen und die Auslagen des Bürgerspitalfondes auf einige Haupt-Kategorien der Einnahme und Ausgabe nach Percenten vertheilen, so beträgt:

Das Einkommen von Staatspapieren 23%

„ „ durch Beiträge des Staates 5%

„ „ vom gesammten Realbesitze . . . . 72%.

Die Auslage auf Verwaltung, Gesammt-Regie, Steuern und

receßmäßige Gebühren 53%

„ „ für Armenbetheilung und Verpflegung . . 47%.

Die obenerwähnten Capitalien mit Hinzurechnung des Schätzungswerthes der Realitäten ergeben ein Gesammtvermögen von mehr als 5 Millionen Gulden, welche gegenwärtig den Grundstock des Bürgerspital-Fondes bilden,.

Die Unterstützung und Verpflegung der Armen.

Wir haben erwähnt, daß die armen Bürger seit 1784 aus dem Fonde entweder durch Betheilung auf die Hand oder durch Verpflegung im Versorgungshause unterstützt werden. Hier wollen wir die Art und Weise und das Maß der Unterstützung kurz verzeichnen.

Die Handbetheilung soll nur eine Unterstützung sein zum besseren Fortkommen für solche arme Bürger, die entweder selbst sich noch etwas erwerben können, oder welche von anderer Seite eine kleine Hilfe genießen. Der Betrag der Betheilung richtet sich stets nach dem Einkommen des Fondes und hat vom Jahre 1784 bis 1812 für jeden Armen per Tag nicht mehr als 6 kr. — 7 kr. alte Währung und später 11 kr. W. W. betragen. Im Jahre 1837 erhielten die Armen monatlich 2 fl. 30 kr. Conventions-Münze, im Jahre 1843 — 3½ fl. C. M. Im Jahr 1847 erhielt eine Hälfte per Monat 3½, die andere Hälfte 4 fl. C. M., welche Beträge im Jahr 1852 auf 4 und 5 fl. erhöht wurden. Im Jahre 1853 waren die Kategorien zu 6, 5 und 4 fl., im Jahr 1858 zu 7, 6 und 5 fl. C. M. per Monat abgetheilt. Mit der Einführung der österr. Währung sind die letzten Beträge auf 8, 6½ und 5½ fl. österr. W. erhöht worden und seit November 1859 werden 1200 Pfründner in Abstufungen zu 8, 7, 6 und 5 fl. vom Bürgerspitalamte betheilt.

In besonderen Nothlagen erhalten diese, in der Stadt und in den Vorstädten zerstreut lebenden armen Bürger von dem Pfarr-Armen-Institute aus dem allgemeinen Versorgungsfonde der Stadt Wien weitere Unterstützungen, ebenso in Krankheitsfällen unentgeltliche ärztliche Hilfe, Medicamente, Bandagen, Bäder u. a., gleich den übrigen nach Wien zuständigen Armen.

Für jene armen Bürger, die wegen besonderer Gebrechlichkeit ganz erwerbsunfähig sind und keine sonstige Stütze haben, ist das Bürgerverforgungshaus bestimmt. Sie leben daselbst, nach dem Geschlechte getrennt, immer Mehrere in einem Zimmer zusammen. Bei der Eintheilung in die Zimmer werden die Gesundheitszustände der Einzelnen berücksichtiget, so daß stets die Kräftigeren zusammen und die Siechen zusammen, in eigenen Zimmern wohnen. Für jedes Zimmer ist aus der Zahl der Pfründner ein Vorsteher (Stubenvater, Stubenmutter) und ein Gehilfe bestimmt, welche für Ordnung und Reinlichkeit Sorge tragen.

Was der Arme an Bettgeräthe, Wäsche und Kleidung bedarf, erhält derselbe von der Anstalt. Speisen und Getränke werden aber nicht von der Anstalt verabfolgt, sondern es erhält der Arme, wie dies seit 1735 eingeführt ist, eine tägliche Geldportion, womit er sich beim Haustraiteur verköstigen kann. Der Traiteur verabreicht die Speisen nach einem contractmäßig bestimmten Tarife, in welchem die Preise so gestellt sind, daß die jeweilige Geldportion des Armen zum Ankaufe der nöthigen Lebensmittel ausreicht.

Die Geldportion der Pfründner im Versorgungshause war nach dem Einkommen des Fondes im Laufe der Zeit verschieden. Im Jahre 1784 pr. Tag 6 kr., erhielten die Pfründner 1798: 9 kr., 1802: 12 kr., 1812: 9 kr. W. W., 1813: 13 kr. W. W., 1814: 18 kr. W. W., 1837: 8 kr. C. M., 1847: 9 kr. C. M., 1852: 10 kr. C. M., 1855: 11 kr. C. M., 1856: 12 kr. C. M. und seit November 1858: 24 kr. öst. Währ. pr. Tag. Die Stubenvorsteher und Gehilfen erhalten für ihre besondere Dienstleistung kleine Zulagen zu ihrer Geldportion.

Im Verhältniß zu diesen täglichen Geldportionen waren die Tarife der Traiterie festgesetzt, von denen wir blos den jetzt bestehenden anführen.

Speisentarif für Gesunde.

		kr. öst. W.
Suppe des Morgens: Ein Seitl lautere Rindsuppe	. .	1
detto mit Semmelschnitten	. .	1½
detto Einbrennsuppe	. . . . . .	1½

Suppe zu Mittag: Rindsuppe mit Mehlspeis, Reis oder Gerste	2
Fleischgattungen: Rindfleisch ohne Knochen, gekocht, 5 Loth	3½
detto gekocht, 8 Loth	5
Saures Fleisch, 8 Loth und ein Seitl Brühe	4½
Eingemachtes Kalb- oder Lammfleisch, 8 Loth	5½
Fleck, Lungenmuß oder Beischel 1 Seitl	4½
Kalb-, Lamm- oder Schweinsbraten, ½ Pfund	14
detto 8 Loth	8
Lungenbraten, gekocht, ½ Pfund	10
Geräuchertes Fleisch, ½ Pfund	5
Mehlspeisen: Das Seitel abgeschmalzene Nudeln, Schmarrn u. s. w.	4
Knödeln aller Gattungen, das Stück 3 Loth	1
Gemüse: Ordinäre Zuspeisen, das Seitl	2
Bessere Gattungen, darunter auch Hülsenfrüchte, ½ Seitl	1½

Zum Zwecke der ärztlichen Hilfe in Erkrankungsfällen sind dermalen ein Arzt und ein Wundarzt im Versorgungshause angestellt. Die erkrankten Pfründner kommen in eigene Krankenzimmer, die Geldportion derselben wird eingestellt und sie erhalten die vom Arzte angeordneten Speisen und Getränke auf Kosten des Fondes von der Traiterie.

Die Verschreibung der Speisen von Seite des Arztes hat nach dem folgenden Speisentarife „für Kranke" zu geschehen, nach welchem schwache, Viertel-, halbe und ganze Portionen, je nach dem Krankheitszustande des Armen, angewiesen werden können.

Speisentarif für Kranke.
Schwache Portion.

tr. öst. W.

Früh: Klare Rindsuppe . . . . }
Mittags: Trinkpanadl oder Gerstenschleim . . . . . } 3
Abends: Rindsuppe mit Semmelschnitten oder Panadl }

Viertel-Portion.

Früh: Rindsuppe mit Semmelschnitten . . . . .
Mittags: 1. Rindsuppe mit seiner Mehlspeise, geriebenen Gerstl oder Nudel oder Fleckerl, oder mit Reis oder Ulmergerstl . . . .

2. Obstspeise, nämlich gedünstete Aepfel oder gekochte Birnen, Zwetschken, Kirschen oder Weichsel oder Gemüse, als: Spinat oder gedünstete gelbe Rüben . . . . } 10

Abends: Suppe wie zu Mittag oder Panadl . . .

Zu Mittag und Abends jedesmal eine Semmel . . . .

Halbe Portion.

Früh: Rindsuppe mit Semmelschnitten . . . . .
Mittags: 1. Rindsuppe mit seiner Mehlspeise als: geriebenen Gerstl, Nudel oder Fleckerl, oder mit Reis oder Ulmergerstl . . . .

2. Abwechselnd, Kalbsbraten 12 Loth, Lammsbraten 12 Loth, eingemachtes Kalbfleisch 12 Loth, geröstetes, dann in einer schmackhaften Sauce eingemachtes Gehirn 8 Loth, kälbernes eingemachtes Gekröse, rein gewaschen und weich gekocht, 8 Loth oder eingemachtes junglämmernes Fleisch vom Schlögel oder der Brust 12 Loth, oder aber auch eine Mehlspeise, entweder Kipfelkoch oder auf gelaufenen Milchreis 1 Seitel . . . . } 30

fr. öst. W.

3. Obſtſpeiſe, nämlich gedünſtete Aepfel
oder gekochte Birnen, Zwetſchken, Kirichen
oder Weichſel oder Gemüſe, als: Spinat oder
gedünſtete gelbe Rüben . .

Abends: Rindſuppe wie zu Mittag 30

Zu Mittag und Abends jedesmal eine
Semmel . . . .

Ganze Portion.

Früh: Rindſuppe oder Einbrennſuppe mit Semmel-
ſchnitten . . . .

Mittags: 1. Rindſuppe mit ſeiner Mehlſpeiſe, als geriebenen Gerſtl, Nudel oder Fleckerl oder mit
Reis oder Ulmergerſtl . . . .

2. Rindfleiſch, weich geſotten ohne Kno-
chen oder ungenießbaren Hautwerk 8 Loth .

3. Als Zuſpeis gelbe Rüben, weiße Rüben,
ſaure Rüben, Kohl, Spinat oder gekochten Salat

4. Abwechſelnd, Kalbsbraten 12 Loth,
Lammsbraten 12 Loth, geröſtetes, dann in
einer ſchmackhaften Sauce eingemachtes Gehirn 8 Loth, kälbernes eingemachtes Gekröſe, 40
rein gewaſchen und weich gekocht 8 Loth, oder
eingemachtes junglämmernes Fleiſch vom
Schlögel oder der Bruſt 12 Loth, oder aber
auch eine Mehlſpeiſe, entweder Kipſelkoch oder
anfgelanfener Milchreis 1 Seitel

Abends: 1. Suppe wie zu Mittag . . . . . .

2. Dreimal in der Woche 8 Loth eingemachtes kälbernes Peuſchel, Kälberfüße oder Gekröſe,
zweimal Mehlſpeiſe und zweimal Obſtſpeiſe
Täglich 3 Semmeln . . . . . .

Besondere Speisen und Getränke.

			tr. öst. W
Eine Portion	klare Fleischsuppe		1
„	„	Panadl .	1¼
„	„	Gerstenschleim . . .	1
„	„	Fleischsuppe mit Ei	2½
„	„	„ mit eingekochter Mehlspeis oder Reis	2½
„	„	Weinsuppe, welche ⅛ Maß enthält	10
„	„	Biersuppe, welche ⅛ Maß enthält	6
„	„	Einmachbrühe	1¼
„	„	Einbrennsuppe	1½
„	„	Milchspeis .	4
„	„	Obstspeis	3
„	„	Sauerkraut	2
„	„	Rindfleisch .	5
Milch ⅛ Maß .			1½
Wein ⅛ Maß			6
Ein Ei			2
Eine Portion Kalbsbraten ½ Pfund .			14

Mit der Genesung tritt der Pfründner aus dem Krankenzimmer aus und erhält seine frühere Geldportion.

Für die Seelsorge waren früher zwei Geistliche im Versorgungshause. Dermalen ist nur ein Geistlicher angestellt. Von den kirchlichen Feierlichkeiten in der Anstalt müssen wir vorzüglich des „Restaurationsfestes" gedenken, das alljährlich seit 1801 stattfindet. Es ist ein Fest zum Andenken an die Entstehung der Bürgerspital-Wirthschafts-Commission, ein Fest, bei welchem die armen Bürger im Gebete der Wohlthäter des Bürgerspitals gedenken und den Segen des Himmels für sie erflehen. Nebst einer entsprechenden Predigt, welche die Bedeutung des Tages hervorhebt, findet in der Hauskirche ein feierliches Pontifikal-Amt statt, die Bürgermilizen und Innungen wohnten in früherer Zeit

diesem Feste bei und ließen es sich angelegen sein, ihren armen Mitbürgern einen guten Tag zu bereiten.

Gewiß Viele erinnern sich noch an die Freuden, welche am Restau-
rationsfeste den Armen bereitet wurden. Von allen Vorstädten strömten
die Verwandten und Bekannten herbei und Jeder hatte für die armen
Bürger ein kleines Geschenk oder doch ein freundliches Wort mitge-
bracht. Alle Wohnzimmer der Armen waren festlich mit Blumen geschmückt, die Armen selbst wurden im Garten an einer langen Tafel
gespeist, wobei die Vertreter der Gemeinde, dann die Bürgerspitals-
Wirthschafts-Commission, die Vorsteher der Gewerbs-Corporationen u. a.
zugezogen waren.

Seit dem Aufhören der Bürgermilizen hat das Fest an seiner
Fröhlichkeit viel verloren, es wird aber alljährlich gefeiert, und statt der
früheren gemeinschaftlichen Ausspeisung werden jetzt die Armen an diesem
Tage in Gegenwart der Vertreter der Commune und der Bürgerspitals-
Wirthschafts-Commission betheilt.

So viel wir wissen, wird im Jahre 1860 das Restaurationsfest
schon im neuen Versorgungshause gefeiert und soll in Zukunft immer an
dem Tage der Eröffnung der neuen Bürgerversorgungs-Anstalt begangen
werden.

Die Verwaltung des Fondes.

Unmittelbar nach der Aufhebung des Bürgerspitals in der Stadt
wurde die Verwaltung wie früher durch den Spittlmeister und die Superintendenten fortgeführt. Ebenso hatte der Stadtmagistrat seinen früheren
Einfluß auf die Verwaltung beibehalten. Die Oberleitung führte die Hofstelle in Stiftungssachen.

Allein schon im Jahre 1797 wurde der allerhöchste Wille des
Kaisers ausgesprochen, daß nach vollendetem Umbau des Bürgerspitals,
und wenn überhaupt die neue Ordnung in Gang gebracht sein würde,

auch in der Verwaltung eine Aenderung eintreten solle. Insbesondere sollen nach dem Ableben der bisherigen besoldeten Superintendenten diese Stellen nicht mehr besetzt werden und anstatt derselben bei der Verwaltung des Fondes mehrere Bürger aus christlicher Liebe für ihre armen Mitbürger mitwirken. Alle Angelegenheiten des Armen-Institutes sollen in besonderen „Haus-Commissionen" berathen und entschieden werden.

Die vom Magistrate erstatteten Vorschläge zur Organisirung der Bürgerspitals-Wirthschafts-Commission erhielten im Jahre 1800 die allerhöchste Genehmigung. Nach denselben haben 8 Bürger von Wien als Beisitzer bei den Haus-Commissionen, die unter dem Vorsitze eines Magistratsrathes stattfinden, zu fungiren und bei der Verwaltung mitzuwirken. Bei jeder Sitzung muß ein Protokoll aufgenommen und dieses dem Magistrate, der Regierung und selbst der Hofstelle in Stiftungssachen vorgelegt werden. Für gewisse Beschlüsse der Commission ist die Genehmigung des Magistrates einzuholen und daher auch noch ein zweiter Magistratsrath als Referent in Bürgerspitals-Angelegenheiten zu bestimmen.

Es wurde schon an anderen Orten erwähnt, wie in Folge dieser Veränderung in der Verwaltung, durch die aufopfernde Thätigkeit der Commissions-Beisitzer der Fond sich erholte, und dessen Gebahrung von Jahr zu Jahr vortheilhafter sich gestaltete. Im Jahre 1812 wurde die Bürgerspitals-Wirthschafts-Commission wegen ihres Eifers von der Hofstelle in Stiftungssachen besonders belobt und in ihrem bisherigen Wirkungskreise bestätiget. Zugleich wurde der Personal- und Besoldungsstand des Bürgerspitalamtes regulirt, dem Spittlmeister ein Gegenhändler, an die Stelle des Grundbuchhalters ein Registrator, anstatt des Schaffers ein Bauübergeher bestimmt. Für die Zehentgeschäfte verblieb der Zehenthändler und zwar fortan im erzbischöflichen Zehentamte, wo die Pachtzinse für Zehente eincassirt wurden.

Für das Versorgungshaus in St. Marx wurde ein Hauspfleger, ein kontrollirender Amtsschreiber, 2 Benefiziaten, 1 Physikus und zwei Wundärzte genehmigt.

Die speziellen Rechnungen und Voranschläge des Fondes kamen zur Censur an die Stadtbuchhaltung und von dieser zur k. k. Hofbuchhaltung in Stiftungssachen.

Die Beisitzer der Wirthschafts-Commission haben in allen Angelegenheiten ein votum decisivum, was in einem Regierungsdecrete vom Jahre 1824 als schon ursprünglich im allerhöchsten Willen gelegen, bestimmt verordnet wurde.

Kaiser Josef II. hatte 1783 eine neue Pfarr-Eintheilung in Wien eingeführt und auf diese Pfarr-Eintheilung gestützt, zur Handhabung der Local-Armenpflege „das Armeninstitut" gegründet. Das gesammte Armeninstitut stand unter der Leitung der Regierung, die Gemeinde hatte blos den Abgang der Bedürfnisse zu decken, welche aus den vorhandenen Armenfonden nicht beitritten werden konnten. Dies verblieb bis 1843, in welchem Jahre die verschiedenen Armenfonde in Einen Fond „den allgemeinen Versorgungsfond" vereinigt und dessen Verwaltung, sowie die Leitung der Localarmenpflege in ihrem ganzen Umfange an den Magistrat übertragen wurden.

Im selben Jahre wurde auch der Wirkungskreis der Bürgerspital-Wirthschafts-Commission und des Magistrates in Bürgerspitalsachen erweitert und denselben in vielen Angelegenheiten eine selbstständige Gebahrung zuerkannt. Die Regierung als Stiftungsbehörde hatte sich jedoch fortan einen vielseitigen Einfluß auf die Verwaltung reservirt.

Der alte Name „Spittlmeister" war schon im Jahre 1841 in den eines „Amtsdirector" umgeändert.

Seit der Constituirung der Gemeinde Wien im Jahre 1850 und nach dem ausgesprochenen Grundsatze „daß die Armenpflege Angelegenheit der Gemeinde ist" hat der Gemeinderath und Magistrat fast die alleinige Oberleitung des Bürgerspitales und ist nur in solchen Fällen an die Genehmigung der k. k. Statthalterei gebunden, in welchen überhaupt auch die Gemeinde rücksichtlich ihrer Vermögensgebahrung eine solche Genehmigung einholen muß.

Gleichzeitig mit allen anderen Gemeindeämtern wurde auch das Bürgerspitalamt im Jahre 1852 rücksichtlich seines Beamtenstatus vom Gemeinderathe organisirt. Die Wirthschafts Commission selbst aber blieb in ihrem bisherigen Wirkungskreise.

Wir glauben die Ueberzeugung gegeben zu haben, daß der Bürger-spitalsfond in fortwährender Aufnahme begriffen und daß bei der Verwaltung desselben mit einer weisen Oekonomie zugleich das Bestreben gepaart ist, die armen Bürger von Jahr zu Jahr reichlicher zu unterstützen. Beide Resultate hat in altgewohnter Weise und nach traditionellen Grundsätzen die Bürgerspital-Wirthschafts-Commission erzielt. Wir halten es daher für eine Pflicht gegenüber dem gesammten Bürgerstande von Wien schließ-lich jene Männer zu verzeichnen, welche das wohlthätige Wirken der Hu-manitätsanstalt seit Jahren mit aufopfernder Liebe für ihre armen Mit-bürger fördern.

Unter dem Vorsitze des Magistratsrathes Franz Walter und unter der Leitung des Amtsdirectors Josef Holzinger besteht gegen-wärtig die Wirthschafts-Commission aus folgenden acht Wiener Bürgern:

Franz Lußenleithner, Mitglied des äußeren Rathes, Fabriks-besitzer.

Samuel v. Diöszeghi, Gemeinderath,

Josef Treitl, Gemeinderath,

Eduard Hütter, Gemeinderath,

Paul Franz, Privatier,

Ferdinand Reder, Besitzer des goldenen Verdienstkreuzes mit der Krone, Vorsteher der bürgerl. Seidenzeugfabrikanten,

Friedrich Fuchsthaller Seidenzeugfabrikant und

Adolf Friß, Bäckermeister.

Dieselben wirken in Folge einer bestehenden Geschäftsordnung nach Wahl in verschiedenen Geschäfts-Abtheilungen als: für Armenpflege, Bauangelegenheiten, Häuseradministration, Gründeverpachtungen, Wälder Bewirthschaftung und Cassa Gebahrung, sie haben in allen Angelegenheiten das Recht der Initiative, sowie auch jeder Gegenstand in den Commissions-sitzungen auf Grundlage der einzelnen Gutachten durch Stimmenmehrheit entschieden wird.

Das neue Bürgerverſorgungshaus in der Alſer-vorſtadt.

Nebſt der Sorge, den armen Bürgern immer reichlichere Gaben zu ſpenden, vereinten ſich die Beſtrebungen der Bürgerſpital-Wirthſchafts-Commiſſion vorzüglich in dem Baue eines neuen, der Haupt- und Reſidenzſtadt würdigen Bürgerverſorgungshauſes. Die veranlaſſende Urſache hiezu waren die Unzulänglichkeit und Unzweckmäßigkeit des alten Verſorgungshauſes zu St. Marx, ſowie die ungeſunde Lage dieſes Hauſes.

Schon im Jahre 1820 hat der damalige Phyſikus der Anſtalt Dr. Nowag geſchrieben:

„Die Senkgruben der großen Artillerie-Caſerne, der Krotenbach, in welchem der Unrath faſt zweier Vorſtädte ſich vereiniget, der nahgelegene Donauarm, der oft die Erdbergermaß überſchwemmt und ſtinkende Sümpfe macht, die vielen Küchengärten, in welchen Kohlſtrünke u. dgl. der Fäulniß überlaſſen werden, die Ställe für jede Gattung Schlachtvieh, die das Spital faſt umſchließen, die Dünſte, die ſich im Brauhauſe ſo verſchieden und häufig entwickeln u. a. ſind mehr als genug, um die Luft zu verpeſten und vorzüglich böſe Wechſelfieber, Katarrhe, Lungenſuchten — bei den alten Pfründnern zu erzeugen.“

Alle dieſe Uebelſtände haben ſich ſeither nicht vermindert, ſondern noch dadurch vermehrt, daß alle Räume benützt werden mußten, um die Zahl jener armen Bürger aufnehmen zu können, die der Verſorgung bedurften.

Es iſt insbeſonders das Verdienſt des gegenwärtigen Amts-directors Joſef Holzinger, welcher ſeit dem Jahre 1834 dem Fonde vorſteht, den Bau eines neuen Bürgerverſorgungshauſes nicht nur angeregt, ſondern auch mit raſtloſem Eifer, mit wahrer Hingebung durchgeführt zu haben. Bereits im Jahre 1836 beschäftigte sich derselbe mit der Art und Weise, wie die nöthigen Mittel zu einem Baufonde gewonnen werden konnten. Der Baufond selbst hatte sich bald gefunden. Ersparnisse des Hauptfondes, einzelne Summen für verkaufte Gründe, Beiträge von angehenden Bürgern und Professionisten bildeten den Grundstock, welcher durch fortwährende Fructificirung zu einer ansehnlichen Höhe stieg. Es war nur die Frage, wo soll das neue Versorgungshaus gebaut werden?

An der Stelle des alten Versorgungshauses zu St. Marx, des Rosenthal'schen Garten, auf der Sandgestätte nächst dem botanischen Garten wurden in den Jahren 1841 und 1842 Vermessungen vorgenommen, Pläne ausgearbeitet und aus verschiedenen Ursachen wieder aufgegeben. Im Jahre 1843 schien die Anhöhe von der Belvedere Linie ein geeigneter Platz, um so mehr als dieser Grund auch Eigenthum des Bürgerspitales ist. Der Bau war großartig angelegt, von Seite der Regierung jedoch nicht genehmigt. In den folgenden Jahren wurden viele Berichte über die Nothwendigkeit eines neuen Bürgerversorgungshauses erstattet und so kam das Jahr 1848, dessen politische Verhältnisse auf alle administrativen Zweige einen lähmenden Einfluß ausübten. Ueberdies waren auch die Course aller Staats-Effecten sehr gesunken und damit auch der Baufond für die neue Anstalt beinahe auf die Hälfte reducirt. Sobald die Course sich besserten, begannen die früheren Bemühungen, einen geeigneten Bauplatz für das Bürgerversorgungshaus aufzufinden. Der Graf Dietrichstein'sche Garten, mehrere Häuser auf der Siebenbrünner-Wiese wollten zum Baue erworben werden, allein die Verhandlungen führten zu keinem Resultate.

Endlich im Jahre 1853 fiel die Wahl auf das alte, dem Bürgerspitale gehörige Lazareth in der Alservorstadt mit der dabei befindlichen sogenannten St. Johannescapelle (s. Abbildung). Es war dieser Platz wohl auch schon früher beachtet worden, derselbe erschien jedoch immer zu klein, weil man ursprünglich in Absicht hatte, ein großes Versorgungshaus wenigstens für 1000 Personen zu erbauen. Es wäre ein solches

Versorgungshaus wohl für Jahrhunderte berechnet gewesen, während für die Gegenwart und viele Jahrzehnte auch eine viel kleinere Anstalt ausreicht. Ueberdies sind auch viele Stimmen laut geworden, welche gegen den Bau des Bürgerversorgungshauses vor der Linie sprachen und für die armen Bürger von Wien den Wunsch äußerten, daß sie doch inmitten ihrer Verwandten und Bekannten eine Wohnstätte erhalten sollen. Den armen Bürgern würde dadurch ihr Loos sehr erleichtert, weil sie im Kreise ihrer Verwandten doch manche Freudentage genießen, manche Stunde vergnügt zubringen können. Die Bürgerspitals Wirthschafts Commission wollte und konnte solche Wünsche nicht ignoriren und nachdem inner der Linie ein großer Bauplatz nicht zu erwerben war, entstand der Entschluß, ein kleineres Versorgungshaus an der Stelle des Lazarethes zu bauen und durch Erwerbung nachbarlicher Realitäten für eine mögliche Vergrößerung der Anstalt vorzudenken.

Der Ausführung dieses Entschlusses standen jedoch neue Hindernisse entgegen und wieder mußten Jahre vergehen, bis ein Vorhaben realisirt wurde, das beinahe seit 20 Jahren zum Stadtgespräche geworden war. Das Lazareth war nämlich seit 1784 in Benützung des k. k. allgemeinen Krankenhauses. Die Sanitätsverhältnisse von Wien haben seit mehreren Jahren alle öffentlichen Krankenhäuser überfüllt und daher es nicht möglich erscheinen lassen, das Lazareth sogleich seinem Eigenthümer zurückzugeben. Die fortgesetzten Bemühungen der Commune erwirkten endlich die a. h. Entschließung vom 13. Februar 1857 womit die Uebergabe des Lazarethes angeordnet wurde. Von da an konnte erst auf eine rasche Durchführung des Baues gedacht werden.

Zur Erweiterung des Baugrundes wurde schon früher das Haus Nr. 234 am Alserbach erworben und sonach zur Erlangung von Projecten für die neue Anstalt ein Concurs ausgeschrieben, bei welchem das Project des Architekten Ferdinand Fellner mit dem ersten Preise ausgezeichnet wurde. Auf Grund dieses Projectes erfolgte die Baubewilligung des Gemeinderathes und Magistrates und im Frühjahr 1858 konnte der Bau beginnen.

Die Terrainverhältnisse waren dem Baue nicht günstig. Das unebene Niveau bedingte kostspielige Abgrabungen, welche ganze Reihen von Todtengerippen bloßlegten, weil um das Lazareth früher der Pestfriedhof sich ausdehnte. Auch war der Grund durch die früher hier bestandenen Ziegeleien bis zu einer großen Tiefe aufgelockert, wodurch wieder der Grundbau kostspielig wurde. Der Bauplatz selbst bot durch seine unregelmäßige Figur manche Schwierigkeiten für den Bau eines Hauses, bei welchem die Hauptaufgabe in der Herstellung möglichst vieler Ubicationen bestand und nur die Bauanlage des Architekten Fellner hat diese Schwierigkeit am besten überwunden.

Das neue Bürgerversorgungshaus ist vollendet und in wenigen Wochen werden die armen Bürger und Bürgerinnen von St. Marx hieher übersiedeln. Wir haben daher noch zu bemerken, wie die neue Anstalt gebaut, wie sie im Innern eingerichtet ist und auf welche Weise die armen Bürger daselbst verpflegt werden sollen.

An der Ecke zwischen der Währinger und Alserbachstraße gelegen (s. Abbildung und Grundriß) hat die Anstalt in jeder dieser Straßen einen Tract mit zwei Stockwerken und einer Fronte von 42 Klaftern. Die beiden Tracte sind im Winkel ihrer Neigung durch einen Mittel- oder Quertract mit drei Stockwerken und einer Frontlänge von 22 Klaftern verbunden. Der Mitteltract bildet die Hauptfronte der Anstalt, welche ein kleiner Vorgarten, mit einem massiven eisernen Gitter abgeschlossen, umgibt. Die Hauptfronte zieren am Firste mehrere Figuren und zwar eine allegorische Mittelgruppe, 13 Schuh hoch — Vindobona darstellend, wie sie die Armuth schützend aufnimmt und 2 Seitenfiguren, der heil. Martin und die heil. Elisabeth, jede 9 Schuh 10 Zoll hoch), in Sandstein vom Bildhauer Melnitzky ausgeführt. Nebst diesen Figuren sind sowohl der First als auch andere Stellen des Gebäudes mit dem Wappen des Bürgerspitales „dem Reichsapfel mit einem Kreuze" geschmückt.

Durch den Haupteingang gelangt man in eine geräumige Vorhalle, in welcher rechts die Kanzlei, links das Portierzimmer situirt sind.

Die beiden in der Halle angebrachten Votivtafeln erzählen — die eine davon, die Geschicke des Wiener Bürgerspitales in der Vorzeit, die andere — die Entstehung der neuen Anstalt. Von der Halle aus wird die ganze Anstalt in ihrer inneren Anlage mit Einem Blicke übersehen. In der Mitte — die Kirche, deren Hochaltar schon am Haupteingange sichtbar ist und die ganze Vorhalle in eine Vorcapelle verwandelt. Die Kirche faßt über 800 Personen und hat nebst dem Musikchor, der Sacristei und Paramentenkammer, auch zwei Oratorien und zwei kleine Glockenthürme. Der Hochaltar der Kirche sowie die Kanzel sind theils in Marmor, theils in weißem Sandstein ausgeführt. Rechts und links der Kirche ziehen sich die 1 Klafter 3 Schuh breiten Corridore in den Hintergrund und werden in jedem Tracte durch einfache 6 Schuh breite Stiegen abgeschlossen.

Eine Zierde des Mitteltractes sind die 7 Schuh breite, freitragende Hauptstiege mit Oberlichte und die Vorhallen in allen drei Stockwerken, welche letzteren die schönste Fernsicht gewähren, im Winter geheizt werden und den armen Bürgern als Versammlungsorte dienen sollen. Nebst den Beamtenwohnungen sind im Mitteltracte noch 20 separirte Zimmer jedes für eine oder zwei Personen bestimmt, welche ihre Verpflegung im Bürgerversorgungshause bezahlen.

Für die armen Bürger und Bürgerinnen sind ebenerdig, im I. und II. Stocke der beiden Seitentracte zusammen 40 Zimmer gebaut, von denen jedes 6 Klafter lang und 3 Klafter 3 Schuh breit ist. Als System der Zimmer wurde nach Prüfung größerer Versorgungsanstalten in den verschiedenen Hauptstädten Europa's vom Architekten jenes gewählt, welches die Stellung der Betten senkrecht auf die Scheidemauern möglich macht und mit den mindesten Unzukömmlichkeiten für die Bewohner auch die geringsten Anlagskosten verbindet. Vor jedem Zimmer befindet sich ein Vorzimmer und zwischen je zwei Zimmern abwechselnd eine Theeküche zur Benützung für die Armen und ein Raum, von welchem aus die Kohlenöfen der Zimmer bedient werden. Am Ende jeden Tractes im I. und II. Stocke sind je ein Krankensaal für die Pfründner, somit zusammen in der Anstalt vier Krankensäle, jeder 6 Klafter 5 Schuh lang und 5 Klafter breit, mit einem Raume für 15 bis 20 Kranke.

Sämmtliche Räume der Seitentracte, Gänge, Vorzimmer, Pfründ ner-Zimmer und Krankensäle haben eine lichte Höhe von 14 bis 15 Fuß und sind bis unter das Dach auf eisernen Traversen feuersicher eingewölbt.

Zu ebener Erde in den Seitentracten sind noch die Traiterie und das Badhaus für die Armen, und abseits vom Hauptgebäude im Hofe ein kleiner Bau mit den Lokalitäten für die Wäscherei, Löschrequisiten, Leichenkammer u. a., und in den hellen, trockenen Souterrains des Tractes in der Alserbachstraße die Arbeitssäle für Tischler, Schuhmacher und Schneider, die Magazine der Anstalt und die Keller zur Unterbringung des Brennstoffes.

Verbaut sind im Ganzen 1237 Quadrat-Klafter und nach Erwerbung eines Theiles des ehemaligen k. k. Montursdepots in der Währingerstraße ist noch ein freier Raum von 2763 Quadrat-Klafter mit Gartenanlagen für die armen Bürger vorhanden.

Die Kosten des Baues werden eine halbe Million Gulden erreichen.

Schon aus der Bauanlage ist ersichtlich, daß auch im neuen Versorgungshause die Armen nach dem Geschlechte getrennt wohnen werden, und zwar im Tracte der Alserbachstraße — die Männer, im Tracte der Währingerstraße die Frauen. Ein Zimmer bewohnen 10 Personen und in jedem Zimmer ist ein Zimmervorsteher und ein Gehilfe aus der Mitte der Armen zur Sorge für Ruhe und Reinlichkeit bestimmt. Für den Fall der Nothwendigkeit können auch 12 Personen bequem in jedem Zimmer untergebracht werden, so daß die Anstalt mit Einschluß der Krankensäle und der kleinen Zimmer im Mitteltracte nahe an 700 Personen aufzunehmen vermag.

Die Verpflegung der Armen erfolgt auf dieselbe Weise wie im Versorgungshause zu St. Marx. Die Armen erhalten nämlich zur Verköstigung in der Traiterie die bisherige Geldportion, Kleider und Wäsche aber nach Bedürfniß von der Anstalt. Für die Traiterie bleiben dieselben Speisentarife wie in St. Marx.

Rücksichtlich der Verwaltung, Seelsorge und ärztlichen Hilfe gelten auch in Zukunft die bisherigen Normen.

Die sämmtlichen Einrichtungsstücke der Zimmer sind neu und aus Eichenholz angefertiget. Für die Betten sind geheftete Strohsäcke, dreitheilige Roßhaar Matratzen, Roßhaar-Kopfpolster und Schafwolldecken bestimmt. Die Federtuchteten des alten Versorgungshauses werden aus Rücksichten der Reinlichkeit und Gesundheit ganz cassirt. Wenn wir noch weiter bemerken, daß zur Bequemlichkeit der Armen in allen Stockwerken lebende Brunnen sind, daß die Gänge und Vorhallen mit Gasflammen beleuchtet werden, daß ein geräumiger Garten und ein Badhaus es jedem Armen möglich machen, durch Bewegung in frischer Luft und durch Reinhaltung des Körpers für seine Gesundheit zu sorgen, wenn wir erwähnen, daß auch für die Reinlichkeit des ganzen Hauses durch Wasserschluß-Retirade und durch eine vom Hauptgebäude abgesonderte Waschanstalt mit allen Einrichtungen, welche in anderen öffentlichen Anstalten sich als praktisch bewährten, Sorge getragen ist, so glauben wir die Ueberzeugung gegeben zu haben, daß in der neuen Bürger-Versorgungsanstalt alle Anforderungen befriedigt sind, die an ein solches Institut gemacht werden können.

Wir übergehen die kleinen Adaptirungen, welche die Mannigfaltigkeit der Bedürfnisse einer Versorgungsanstalt nothwendig machten, und erwähnen nur noch des **Pensionates,** das nach dem Beschlusse der Bürgerspitals-Wirthschafts-Commission als eine neue Art Unterstützung gewisser Classen von Wiener Bürgern mit der Eröffnung des neuen Versorgungshauses ins Leben treten soll.

Nur Wenige des Bürgerstandes erfreuen sich des Glückes, daß sie reich geboren werden, und im Ueberflusse, in Freude und Vergnügen ihr ganzes Leben zubringen können. Die große Mehrzahl der Bürger gehört immer dem Gewerbestande an, für welchen Arbeit und wieder Arbeit das Losungswort des Tages ist. Gewöhnlich mit einem kleinen Betriebsfonde versehen, ist es auch fast allein die Arbeitskraft des Einzelnen, mit welcher sich der Bürger seine Zukunft schaffen muß. Der Wille mag in den meisten Fällen vorhanden sein, und jeder Bürger wird auch eine Zeit loben können, wo ihm die Sonne des Glückes geschienen hat. Gut für ihn, wenn er redlich und reichlich oder wenigstens soviel geerntet hat, daß er die Jahre seines Alters sorgenlos vollbringen kann! Unglücksfälle, sociale Verhältnisse, oder eigene Schuld vernichten manche Gewerbe schon im Beginne, manche erst dann, wenn der Bürger bereits mit Zuversicht der Zukunft entgegensah. Gottvertrauen und Manneskraft wird im Unglücke zwar Jeden zur erneuerten Arbeit spornen — aber ein Tag schafft blos die Bedürfnisse des nächstfolgenden Tages, kein Sparpfennig erübrigt und im Alter sind schwiele Hände, gebeugte Nacken, Gebrechen des Körpers und Geistes für Viele die einzigen Früchte der Arbeit, die sie geerntet und volle Armuth das Los, das ihnen für ihre letzten Lebensjahre beschieden ist. Für diese Invaliden der Arbeit sorgt stets die christliche Barmherzigkeit. Für arme Bürger lauten alle Spenden und Gaben, welche dem Bürgerspitale zufließen, für arme Bürger waren die Geschenke gewidmet, von welchen das neue Versorgungshaus gebaut wurde, — für arme Bürger sind also auch zunächst die Räumlichkeiten der neuen Anstalt bestimmt.

Nebst diesen ganz Armen gibt es aber manche Bürger, die sich für die Tage des Alters und der Erwerbsunfähigkeit ein kleines Vermögen erhalten haben. Sie wünschen nichts sehnlicher, als damit bis ans Ende ihrer Tage auszureichen, sie beobachten eine Sparsamkeit, die an Entbehrung gränzt, sie haben eine Kraft der Entsagung auf Alles, was das Menschenherz erfreut, und dabei eine Zufriedenheit mit ihrem Lose, die von einem wahrhaft sittlichen Werthe dieser Personen Zeugniß gibt. Ungeachtet dessen reicht im Privatleben das Erträgniß ihres Vermögens allein nicht aus, von Jahr zu Jahr schwindet das Capital, und oft im hohen Alter müssen solche Personen die Barmherzigkeit ihrer Mitbürger in Anspruch nehmen.

Eine Unterstützung dieser Bürger derart, daß es ihnen möglich wird, mit ihrem kleinen Vermögen sich ihr Fortkommen zu sichern, setzt sich das Pensionat im neuen Bürger-Versorgungshause zum Zwecke, wohin solche Bürger gegen eine Entschädigung aufgenommen und verpflegt werden sollen. Die Entschädigung ist so billig als möglich gestellt, und nur eine öffentliche Anstalt, wie das Bürgerversorgungshaus, ist in der Lage gegen eine so geringe Gegenleistung einerseits die vorbezeichnete Classe von Bürgern zu unterstützen, anderseits aber auch dadurch ihrem eigentlichen Zwecke, blos a r m e Bürger zu unterstützen, nicht entgegen zu handeln. Für das Pensionat sind von der Bürgerspitals-Wirthschafts-Commission vorläufig folgende S t a t u t e n festgesetzt worden:

1. Zweck und Bestimmung des Pensionates.

Das Pensionat ist für ältere, erwerbsunfähige Bürger von Wien, deren Frauen und Witwen bestimmt, welche es aus Rücksichten einer nothwendigen Sparsamkeit vorziehen, statt in einem Privathause, in der Bürger-Versorgungsanstalt zu leben, und welche die mannigfaltigen Vortheile, die ihnen diese Anstalt bietet, mit einem billigen Betrage dem Bürgerspital-Fonde entschädigen können. Die aufzunehmenden Personen dürfen jedoch an keinem solchen Gebrechen des Geistes oder Körpers leiden, wodurch die Ruhe und Ordnung der Anstalt gefährdet werden könnte.

2. Leistung des Pensionates.

Der Aufgenommene erhält entweder allein oder mit einer zweiten Person zusammen ein Zimmer und im Allgemeinen das Recht zur Benützung aller Einrichtungen der Bürger-Versorgungsanstalt. Insbesondere kann derselbe aus der Haus-Traiterie die Speisen und Getränke um die billigen Tarifpreise beziehen, die Wäsche-Reinigungsanstalt und das Badhaus, den allgemeinen Garten und die übrigen allgemeinen Räumlichkeiten des Hauses nach Maßgabe der Bestimmungen benützen, wie sie für das Versorgungshaus bestehen oder erst bestimmt werden. Im Falle der Erkrankung erhält der Pensionär ärztliche Hilfe und Medicamente von der Anstalt, welche auch für die nothwendige Bedienung desselben, für Beheizung und Beleuchtung der Wohnung Sorge tragen wird.

3. Gegenleistung des Pensionärs.

Ordnung, Ruhe und Reinlichkeit in der Anstalt sind nothwendig bedingt durch die Beobachtung der allgemeinen Hausvorschriften. Der

Penſionär will durch ſeine Aufnahme das Erſtere erreichen und wird daher auch in letzterer Beziehung dieſem Zwecke nicht entgegenhandeln. Außer der Beobachtung der Hausvorſchriften übernimmt dann jeder Penſionär die Verpflichtung, die beſtimmte Entſchädigung an den Bürgerſpital-Fond und auf die feſtgeſetzte Weiſe pünktlich zu leiſten. Dieſe Entſchädigung beſteht:

a) wenn der Penſionär ein Zimmer allein bewohnen will, in der Zahlung eines jährlichen Betrages von 120 Gulden öſt. Währ.;

b) wenn derſelbe mit einem zweiten Penſionär wohnt, in der Zahlung eines jährlichen Betrages von 96 Gulden öſt. Währ.

Den Betrag dieſer Entſchädigung hat jeder Penſionär in vierteljäh-rigen Raten und im Vorhinein im Bürgerſpitalamte zu bezahlen.

4. Austritt und Entlaſſung aus dem Penſionate.

Jeder Penſionär kann nach Belieben austreten, derſelbe muß jedoch hievon 3 Monate vorher dem Bürgerſpitalamte die Anzeige erſtatten. Ebenſo wird auch die Bürgerſpitals-Wirthſchafts-Commiſſion einem Pen-ſionär die Entlaſſung aus der Anſtalt 3 Monate früher bekanntgeben, wenn nicht beſondere Gründe die ſogleiche Entfernung nothwendig machen.

5. Einlauf in das Penſionat auf Lebensdauer.

Würde es ein Bürger, eine Bürgersfrau oder Witwe vorziehen, durch einmaligen Erlag eines Capitales oder auf andere Weiſe lebens-länglich die Aufnahme in die Anſtalt zu erlangen, ſo wird die Bürger-ſpitals-Wirthſchafts-Commiſſion von Fall zu Fall ein abgeſondertes Uebereinkommen abſchließen und die Wünſche des Bittſtellers, ſoweit ſolches mit dem Hauptzwecke der Anſtalt vereinbart werden kann, mög-lichſt berückſichtigen.

6. Geſuche um die Aufnahme in das Penſionat.

Die Geſuche um die Aufnahme in das Penſionat ſind an die Bür-gerſpitals-Wirthſchafts-Commiſſion zu richten und müſſen enthalten:

a) den Namen, Charakter oder die Beschäftigung und den Wohnort des Bittstellers,

b) das Alter und den Stand (ob ledig, verheiratet oder verwitwet),

c) die Nachweisung der bürgerlichen Eigenschaft,

d) das vom k. k. Bezirks-Armenarzte ausgestellte Zeugniß über die Erwerbsunfähigkeit und

e) die Erklärung, daß der Bittsteller die festgesetzte Entschädigung an den Bürgerspital-Fond auf die vorgeschriebene Weise leisten werde.

Ueber diese Gesuche wird von der Bürgerspitals-Wirthschafts-Commission nach freier Wahl und ohne Angabe der Beweggründe entschieden. Die Gesuche sind im Bürgerspitalamte Stadt Nr. 1100, 3. Stiege, 1. Stock zu überreichen, welches Amt auch die näheren Auskünfte schriftlich oder mündlich ertheilt.

———

Das Pensionat ist eine Ausdehnung des wohlthätigen Wirkens des Bürgerspitals auch auf solche Bürger, die, strenge genommen, noch keinen Anspruch auf eine Unterstützung aus dem Fonde machen könnten. Wir glauben daher, daß dieses „Pensionat" — das erste seiner Art in Wien — von allen minder bemittelten Bürgern freudig begrüßt werden wird, und können auch hoffen, daß sie dasselbe in ihrem eigenen Interesse benützen werden.

Die Commune Wien verbindet mit dem Namen „Bürger," den sie einem Gemeindegliede ertheilt, die Auszeichnung eines ehrenhaften Charakters, die Anerkennung für besonders verdienstvolle Leistungen zum Besten der Gemeinde. Der Name „Bürger" erinnert fortwährend an jene Heroen der vergangenen Jahrhunderte, die durch Vaterlandsliebe und unbesiegten Heldenmuth glänzten, er erinnert an jene alten, gesinnungstüchtigen Geschlechter, bei denen biederer, gerader Sinn, männlicher Freimuth und ein fühlend Herz für die leidenden Mitbrüder ein Familienerbe war. Die Verleihung des Bürgerrechtes ist daher auch eine Aufforderung der Gemeinde an den Einzelnen, diesen Vorbildern nachzustreben und denselben an Gesinnungstüchtigkeit und Gemeindesinn gleich zu werden. Die Besten der Gemeinde sollen Bürger sein, Allen vorangehend, wo es gilt, für Kaiser und Vaterland Opfer zu bringen, wo es gilt, das Wohl der Gemeinde zu schützen und zu fördern.

Dieser Bedeutung des Bürgers mußte auch das Versorgungshaus „für arme Bürger" Rechnung tragen. Nicht blos, wenn der Bürger für die Gemeinde leistet oder mehr leistet, als ein anderes Glied der Gemeinde, verdient er vorzüglich Achtung und Anerkennung, sie müssen ihm auch dann verbleiben, wenn Unglücksfälle ihn betroffen haben. Er fühlt ohnehin doppelt schwer die Schläge des Schicksals, weil er in der Regel von Hause aus oder durch eigenes Bemühen seine „guten Zeiten" gehabt hat.

Ueberdies hat die Gemeinde Wien das Glück, einen bedeutenden Bürgerversorgungs-Fond zu besitzen. Dieses Erbe der alten Bürgerfamilien ist das specielle Eigenthum aller „armen" Bürger. Die armen Bürger von Wien sind daher reich — reich durch die Wohlthätigkeit der vergangenen Jahrhunderte, reich durch die fortwährend lebendige christliche Nächstenliebe ihrer Mitbürger. Die Bürgerspitals-Wirthschafts-Commission konnte daher auch ein Haus bauen, das gegen andere ähnliche Anstalten schon in seiner Erscheinung vortheilhaft hervortritt. Und was die Commission angestrebt, das fand die bereitwilligste Förderung und Unterstützung der Commune selbst. Das warme Fürwort des Herrn Bürgermeisters Dr. Johann Freiherrn von Seiller hat, wie überall, wo es sich um Werke der Wohlthätigkeit handelt, viele Hindernisse beseitiget und die vielen Denkmale der freien Gemeindeverwaltung um ein neues, schönes Denkmal durch die neue Bürger-Versorgungsanstalt bereichert. Das Haus ist schön, es ist aber auch zweckmäßig gebaut und eingerichtet, wie es die Bedeutung des Bürgers in der Gemeinde, wie es die Zeitverhältnisse erfordern, und die Commune Wien hat alle ihre Bürger dadurch geehrt, daß sie den armen Mitbürgern ein solches Versorgungshaus widmete.

Schlußbemerkungen.

Es ist das vierte Versorgungshaus, welches für die armen Bürger von Wien — wir können sagen, seit dem Entstehen ihrer Vaterstadt — nächstens eröffnet wird und jede Ueberfiedlung der armen Bürger vom alten in das jeweilige neue Versorgungshaus fällt immer in eine Zeit, die auch einen Epoche machenden Abschnitt in der Entwicklung der Stadt Wien selbst bildet.

Die Türkenbelagerung war der Anlaß, daß sämmtliche Vorstädte mit ihren alten hölzernen Häusern, mit ihren engen und unsauberen Gassen und Lucken zerstört wurden, daß alle Thürme, Gräben, Wälle und Festungswerke, wie sie die alte Zeit zu Zwecken der Vertheidigung geschaffen, im Jahre 1529 verschwanden. Die Drangsale der vergangenen Jahre, die Möglichkeit ähnlicher Leiden in der Zukunft mahnten zwar wieder zur Befestigung der inneren Stadt, aber diese Festungswerke, an welchen Tausende von kräftigen Arbeitern aus allen Ländern 15 Jahre ununterbrochen gearbeitet haben, waren nach einem bestimmten Systeme durchgeführt und im Vergleiche zu den früheren ähnlichen Werken zweckmäßiger angelegt. Die alten Vorstädte wurden neu und schöner gebaut, neue Vorstädte entstehen und lagern sich in einem Gürtel um die innere Stadt. Geht auch dieser Aufbau langsam vor sich, so verzeichnet die Geschichte der Stadt Wien hiefür die mannigfaltigsten gegründeten Ursachen. Die Sonnenstrahlen einer besseren Zeit beginnen über Wien mit Anfang des 18. Jahrhundertes zu leuchten und andauernd alle Verhältnisse belebend zu durchdringen. Wir sagen nur Bekanntes, wenn wir die Regierungsperiode Marie Theresiens und Josefs II. als eine Epoche bezeichnen, in welcher Wien erst beginnt, sich zur eigentlichen Großstadt zu entwickeln. Und wer möchte zweifeln, daß das kaiserliche Wort, welches gegenwärtig die Niederreißung der Stadtwälle anordnet und den freien Verkehr zwischen Stadt und Vorstädte eröffnet, daß der kaiserliche Wille, welcher durch eine Fülle von großartigen öffentlichen und privativen Gebäuden Stadt und Vorstadt zu Einem Gemeinwesen auch in der äußeren Erscheinung vereinigt, diese Entwicklung Wiens zur Großstadt nicht nur befördern, sondern auch abschließen wird!

Ebenso fällt der erste Abschnitt im wohlthätigen Wirken des Bürgerspitales oder die Uebersiedlung der armen Bürger in das St. Clara-Kloster in die Zeit nach der ersten Türkenbelagerung, der zweite Abschnitt oder die Uebersiedlung nach St. Marx reiht sich an die reformatorischen Bestrebungen Kaiser Josefs II. und die dritte Uebersiedlung in das neue Versorgungshaus fällt wieder in eine, für die Entwicklung der Stadt im Allgemeinen, höchst wichtige Zeitperiode.

Mit der Eröffnung der neuen Bürger-Versorgungsanstalt steht auch das Wiener Bürgerspital an der Schwelle einer unbekannten Zukunft. Von kleinen unscheinbaren Anfängen hat sich dasselbe trotz vielfacher Mißgeschicke, die es im Laufe von mehr denn sechs Jahrhunderten betroffen, zu einer blühenden Anstalt entwickelt, die jetzt viele Hunderte von Personen unterstützen und die Aermsten der armen Bürger anstatt in einer hölzernen Hütte in einem neuen und zweckmäßigen Hause verpflegen und versorgen kann. Und fragen wir nach den Ursachen dieser Resultate, so gibt uns die Vergangenheit genügende Aufklärung.

In seinem Ursprunge ein Gott gefälliges Werk, war das Bürgerspital in allen Zeiten von Gott beschützt und gesegnet. Die göttliche Gnade wendete dem Bürgerspitale zunächst die Herzen der Herrscher zu. Oesterreichs Regenten beschützen das Spital durch Gesetze und Privilegien und dieser Schutz galt — den Armen. Oesterreichs Regenten besuchen die Armen und Kranken in ihren gewiß nicht einladenden „Stuben" und spenden Trost und milde Gaben der leidenden Armuth. Und dem Beispiele der Herrscher folgen die Bürger, die Bewohner von Wien. Insolange das Bürgerspital allein die hervorragendste Rolle für Zwecke der Wohlthätigkeit hatte, mochten alle diese Beweise der christlichen Nächstenliebe augenfälliger sein, sie galten nur Einer Anstalt. Die Folgezeit hat viele Institute der Wohlthätigkeit geschaffen, viele Denkmale der christlichen Barmherzigkeit gegründet und eben dies ist der Beweis, daß der alte Wohlthätigkeitssinn der Wiener fortlebt, daß er in der Weise großartiger sich entfaltet, als die Armuth, die Noth größer, deren Ansprüche verschiedener und dringender werden. Wir haben gezeigt, daß das Bürgerspital auch in seinem bescheidenen Wirkungskreise fortwährend an den Liebesgaben der Wiener Theil nimmt, ja daß bei vielen Anlässen das Bürgerspital sowohl allerhöchsten Ortes als auch bei den Wienern sich eines besonderen Wohlwollens erfreut und daß vorzüglich die armen Bürger überall gerne unterstützt werden. Wir haben gezeigt, daß die Bürger von Wien durch eine aus ihrer Mitte gewählte Commission das Vermögen der armen Mitbürger seit 60 Jahren musterhaft verwalten und daß die Gemeinde mit gewissenhafter Sorgfalt die Interessen des armen Bürgerfondes überwacht und leitet.

Wir können daher nur mit dem Wunsche schließen: „Möge es immer so bleiben." Möge der Segen Gottes, der das Bürgerspital durch 600 Jahre bis auf den heutigen Tag sichtbar beschützt hat, nimmer von demselben weichen, möge er den armen Bürgern und ihren Wohlthätern und jenen Bürgern, die alle ihre Kräfte dem Gedeihen der Anstalt widmen, im reichsten Maße zu Theil werden.

Druck von L. C. Zamarski & C. Dittmarsch in Wien.